TENKARA ET BAMBOU

Le Pêcheur et le Tenkara

-

L'Art de la Pêche
avec l'Ancienne Technique Japonaise
de Pêche à la Mouche

Lelio Zeloni

ISBN: 978-1-80361-366-6

Édition originale: "La Pesca Semplice con il Pane - Il Vero Segreto? L'Esperienza!" (Novembre 2020)

L'Auteur:

Lelio Zeloni est né à Prato le 8 août 1953. Depuis qu'il est adolescent, il a deux passions, la peinture et la pêche. Au fil des ans, il a pratiqué le moulinet, la pêche à la mouche, le tenkara et, bien sûr, sa technique préférée, la pêche au pain. Ces expériences avec différentes techniques, l'ont aidé à devenir le pêcheur expert qu'il est aujourd'hui.

leliopesca.com

Youtube: Lelio Pesca
Instagram: Lelio Pesca
Facebook: Lelio Pesca

TABLE DES MATIÈRES

Préface

Et si je commençais par vous dire tout de suite que le tenkara est bon pour le cerveau ? C'est un postulat un peu osé à faire dans ces premières lignes, mais il serait intéressant de découvrir ensemble si une passion comme la pêche peut aussi se transformer en une activité bonne pour la santé.

Commençons par dire qu'apprendre de nouvelles choses est bon pour vous. Vous serez peut-être surpris de constater que le manque de nouveauté affaiblit le cerveau. Quand nous étions à l'école, nous faisions presque toujours quelque chose de nouveau. De nouvelles matières, de nouveaux sujets, de nouveaux camarades de classe, de nouveaux jeux dans le gymnase et de nouveaux professeurs avec de nouveaux styles d'enseignement. Tout cela a contribué à garder nos cerveaux frais et actifs.

Malheureusement, de nombreuses personnes après l'école tombent dans le piège de faire la même chose tous les jours. Pour le mental, ce comportement n'est pas vertueux. La routine étouffe la créativité de l'intellect et appauvrit la vitalité de l'individu.

Faire toujours les mêmes choses a tendance à "rétrécir" le cerveau, la répétitivité le rend paresseux, il est donc très important de toujours essayer de faire quelque chose de différent pour le garder éveillé.

Un esprit brillant n'est pas monotone et notre cerveau fonctionne bien s'il est stimulé par la nouveauté, car le fait de l'utiliser le revigore, tout comme un muscle.

Alors, chers pêcheurs, profitez de la pêche, qui vous donne l'occasion de faire beaucoup de choses nouvelles. Vous pouvez apprendre de nouvelles techniques sans utiliser toujours les mêmes, vous pouvez pêcher dans de nouveaux endroits, vous pouvez visiter de nouveaux lieux et vous pouvez essayer d'attraper des poissons que vous n'avez jamais attrapés auparavant. Cela sera revitalisant pour votre esprit et vous permettra d'utiliser vos sens d'une nouvelle manière.

Être ouvert au changement, être curieux et apprendre de nouvelles choses nous permet de vivre davantage d'émotions et de situations stimulantes. Tout cela contribue à renforcer les synapses entre les neurones, à faire repousser les dendrites et à stimuler la production de neurotrophines qui favorisent la survie, le développement et le fonctionnement des neurones. Car ce qui est étonnant, c'est que ces neurones ne se développent pas seulement dans le cerveau des enfants, mais aussi dans celui des adultes.

Donc, essayez toujours de chercher de nouvelles choses, essayez de changer votre pêche, variez vos techniques, changez vos lignes, vos appâts, allez toujours dans de nouveaux endroits et essayez d'attraper des poissons différents.

Attention à ne pas tomber dans le piège de la routine, mettez-vous toujours à l'épreuve avec de nouveaux défis passionnants.

Lorsque vous brisez cette routine, vous modifiez les schémas qui sont fixés dans votre esprit et vous entraînez votre cerveau à faire face à de nouvelles situations. Vous traitez les informations d'une nouvelle manière en étant plus résistant pour s'adapter aux changements. Cela améliorera votre élasticité mentale et la neuroplasticité de votre cerveau.

Heureusement, votre entraînement mental ne s'arrête pas là, car vous pouvez aussi innover, comme les pêcheurs d'autrefois.

La pêche artisanale est assurément un bon entraînement mental car c'est une activité qui stimule le cerveau, la créativité, la logique et l'ingéniosité. Lorsque vous pratiquez de telles activités qui stimulent l'intellect, la structure change, la matière grise augmente et la matière blanche s'améliore. Et cela a bien sûr un effet positif sur tous les autres aspects de la vie, car tout ce que nous faisons implique notre cerveau.

Nous venons d'apprendre avec plaisir comment une activité telle que la pêche peut être saine et aider le cerveau à rester jeune et souple. Mais ce n'est pas tout, les avantages ne s'arrêtent pas là, car souvent, aller à la pêche coïncide avec le fait d'être en pleine nature. Une dimension pure et non contaminée où règne l'ordre naturel. Juste ce qu'il vous faut pour vous débarrasser du stress, vous détendre et respirer de l'air frais.

Vous serez peut-être surpris d'apprendre que la simple vue de l'eau - qu'il s'agisse de la mer, d'un lac, d'une rivière ou d'un ruisseau - apaise et calme l'esprit à un niveau subconscient. La proximité de l'eau vous rend plus détendu et plus calme, et il a été prouvé que les personnes qui se trouvent près de l'eau et à l'air libre sont plus sereines et heureuses.

Après avoir lu ces premières pages, je parie que vous aurez envie d'aller pêcher dans la nature ! Fantastique ! Mais qui sait quel genre de désir fou vous aurez après avoir lu le livre en entier !

N'oubliez pas, cependant, que le choix de votre prochaine destination de pêche importe peu. Le nombre de poissons que vous attraperez n'aura pas non plus d'importance. La chose la plus importante est d'apprendre à apprécier le voyage. Souriez lorsque vous quittez la maison avec votre équipement, et essayez de savourer chaque instant de votre voyage. Profitez du paysage, mettez vos sens en éveil, sentez les parfums de la rivière et des fleurs, écoutez le chant du ruisseau et les sons de la nature en vous laissant caresser par cette brise douce et agréable. Profitez de chaque instant de votre journée de pêche et de votre vie.

Parce qu'au final, l'endroit où nous irons n'aura pas d'importance, mais profiter de chaque moment de cet extraordinaire voyage qu'est la vie est la chose la plus importante de toutes.

Doct. Edoardo Zeloni Magelli

Introduction

Dans ma vie, j'ai toujours utilisé différentes techniques et je pensais en savoir beaucoup sur la pêche. Beaucoup d'entre vous me connaissent pour avoir pêché au pain en mer, mais toujours en eau douce également. J'alternais entre le moulinet, la pêche à la mouche et parfois la pêche libre avec un ver de terre. Ce sont les techniques qui m'ont procuré le plus d'excitation.

Puis un jour, alors que vous vous y attendez le moins, le nom d'une autre technique apparaît sur la pointe des pieds : le Tenkara. Au début, je n'y accordais pas beaucoup d'importance, mais au fil du temps, la pratique m'a conquis.

Je dois admettre que la pêche à la mouche a rendu

mon impact avec le tenkara beaucoup plus facile. J'avais l'habitude de fabriquer mes propres bas de ligne avec différentes longueurs de ligne décroissantes, allant de 0,45 à un bas de ligne de 0,14, et je fabriquais également différents types d'éphémères et de nymphes. Malgré le plaisir du bricolage, je me suis rendu compte que tout cela était chronophage, parfois je manquais de temps à consacrer à tout cela.

En tenkara, ce n'est pas le cas, car c'est beaucoup plus pratique, simple et moins exigeant, et surtout très amusant. Si vous y réfléchissez, c'est tout ce que chaque pêcheur recherche inconsciemment. Et sans m'en rendre compte, je l'avais enfin trouvé.

Il est très important pour un pêcheur de se familiariser avec différentes techniques de pêche, car cela augmentera considérablement son expérience. Dans les situations de pêche difficiles, il sera toujours capable de comprendre ce qui ne fonctionne pas et pourquoi. Je voudrais que vous accordiez beaucoup d'attention à ces pages, surtout les premières, car j'y déverserai toute mon expérience.

Je décrirai les techniques que j'ai pratiquées, et dans chacune d'elles, il y a un conseil, un message qui vous aidera à vous améliorer. Vous aurez l'impression de les avoir vécus en direct.

Ma pêche est très simple et abordable, mais je vous garantis qu'elle est très efficace. À mon humble avis, pour que la pêche fonctionne, il faut rester simple.

Mais le moment est venu de commencer notre voyage, et je sens qu'il est de mon devoir envers vous, puisque nous partageons la même passion, d'essyer de vous transmettre tout ce que j'ai pu apprendre.

En peu de temps, vous deviendrez vous aussi de bons experts de la technique du tenkara, mais le plus important est que vous vous amuserez beaucoup et que vous aurez hâte de retourner pêcher.

1.

Techniques Pratiquées Avant Le Tenkara

En tant que garçon, la première technique que j'ai pratiquée a été la pêche avec une canne fixe, tant en mer qu'en eau douce. C'est la base de tout pêcheur et de toutes les techniques ultérieures. Comme ce n'est pas compliqué, ça s'apprend en très peu de temps, et cela donne des moments très agréables et plaisants à retenir.

En continuant à pratiquer, vous devenez un maître de la technique, mais vous ressentez le besoin à certains endroits de changer quelque chose, vous ressentez le besoin de pêcher plus loin du rivage et de faire des passes plus longues.

J'ai donc décidé d'acheter une canne à pêche et un moulinet. J'étais très satisfait, je pouvais explorer des tronçons de rivière beaucoup plus grands et pêcher plus profondément dans les lacs. De plus, avec une canne et un moulinet, la mer vous offre de nombreuses façons de pêcher et vous pouvez l'utiliser à différents endroits.

Le temps a passé très agréablement et en lisant divers magazines de pêche, j'ai été de plus en plus intrigué par la technique du spinning (moulinet). Je me suis souvent répété :

"Comment un poisson peut mordre une cuillère ! Ce n'est qu'une pièce de métal qui tourne, ce n'est pas possible, si ça l'était j'aurais résolu le problème des appâts, je l'aurais toujours à ma disposition et je pourrais décider à tout moment d'aller pêcher."

Fasciné par ce doute, j'ai donc décidé d'essayer le

lancer. J'ai acheté une canne fine avec un moulinet et quelques cuillères chez Mepps, qui s'appelait "Mister Fish" dans le catalogue de vente par correspondance.

Une fois le matériel arrivé, j'avais hâte de l'essayer.

Un beau dimanche de printemps, l'occasion s'est présentée et ma femme et moi avons décidé d'aller pique-niquer au réservoir de Suviana - un lac artificiel situé dans les Apennins bolognais - et j'ai bien sûr apporté le matériel de lancer que j'avais acheté.

En début d'après-midi, j'ai décidé de l'essayer, même si j'étais un peu hésitant. J'ai assemblé la canne, c'était un élégant fouet en deux parties avec des greffons, il était très léger et mesurait 150 cm hors tout. Le moulinet était un Jubilant et était chargé avec du fil 0.22.

J'ai attaché un mousqueton et pris la cuillère Mepps numéro 2 en argent de la boîte à cuillères et j'ai commencé à lancer.

Alors que je récupérais le leurre de manière très linéaire et qu'il n'était plus qu'à quelques mètres de moi, j'ai remarqué son reflet dans l'eau. Jusqu'à présent, le premier lancer avait été infructueux, je pensais donc relancer à nouveau, quand soudain j'ai entendu un coup sur le bout de la canne et j'ai vu la silhouette d'un poisson qui tentait de s'échapper, ce qui m'a fait secouer tout l'ensemble.

Pendant un moment, j'étais presque incrédule, je ne m'attendais pas à ce que là, juste à côté de moi, se trouve un poisson prêt à mordre.

"Alors, ça marche vraiment ! Incroyable !"

Je me suis exclamé, le cœur battant d'émotion.

C'était le premier poisson pêché au lancer ; imaginez ça ! J'étais aux anges, et en le ramenant vers moi, j'ai remarqué des points rouges sur son corps, et avec une grande satisfaction, j'ai réalisé qu'il s'agissait d'une truite fario.

Ce que j'avais vu dans les magazines de pêche et que j'avais toujours imaginé pouvoir faire moi-même, se matérialisait sous mes yeux : je pouvais toucher une truite fario !

Après plusieurs lancers, j'en ai férré une autre et je me réjouissais déjà de la deuxième prise quand soudain j'ai senti la canne à pêche céder et venir vers moi. Elle s'est décrochée !

Je dois avouer que j'ai été un peu déçu par cette perte, mais en fin de compte, à la réflexion, cela ne s'était pas si mal passé, car lors de ma première sortie au lancer, j'avais réussi à accrocher deux truites, en pratiquant une nouvelle technique qui ne m'était pas du tout familière. Plein de confiance, le week-end suivant, je me suis rendu au réservoir de Pavana, un petit lac artificiel situé dans les Apennins toscans-émiliens.

En pêchant avec le même équipement, cette fois je n'ai pas attrapé de truites, mais des perches. Mon expérience augmentait avec chaque nouveau lieu de pêche que j'essayais, me procurant de merveilleuses émotions.

L'été est arrivé et j'étais en vacances avec ma famille à Donoratico, sur la côte de Livourne, en Toscane.

Nous aimions passer du temps au milieu de la nature, dans le calme, en respirant du bon air, loin de la ville. Nous avions trouvé un beau camping, c'était un bois naturel derrière des dunes maritimes surplombant la mer. Je m'étais fait de nouveaux amis et en parlant avec eux, j'ai appris l'existence d'un petit étang dans la campagne. Cet étang était utilisé par les agriculteurs pour l'irrigation et ils n'avaient aucune objection à ce que quelqu'un y aille pêcher de temps en temps.

Un après-midi, je suis allé pêcher dans cet étang. J'étais très curieux car je ne savais pas quel genre de poisson j'allais y trouver, et guidé par mon instinct, j'ai décidé d'essayer la pêche au lancer.

Dans la boîte de cuillères, j'ai choisi une rotative cuivrée de 2 grammes et j'ai commencé à lancer. Mon instinct m'a bien conseillé, car après quelques lancers, j'ai réussi à pêcher un black-bass. D'autres lancers ont suivi et j'en ai attrapé un autre.

Jour après jour, on capturait de plus en plus d'espèces différentes, ce qui me donnait l'impression d'être plus expérimenté, car j'apprenais à remarquer les différents types de poissons qui mordaient. Chaque poisson avait une façon différente de mordre.

Il y avait un poisson que je n'avais jamais réussi à attraper, que ce soit avec des appâts naturels ou au lancer. Ce poisson était le chevesne. Pour diverses raisons, c'était devenu une obsession.

Dans les magazines de pêche, j'ai lu qu'il était très malin, que la ligne devait être très légère, le nylon très fin, le plomb presque invisible et que nous devions entrer dans la rivière sur la pointe des pieds parce qu'il nous entendrait. Tout cela n'a fait que renforcer l'impression que c'était un poisson impossible à attraper. Chaque fois que je suis allé pêcher sans attraper un chevesne, je me suis senti comme un débutant.

Je lisais des articles dans des magazines sur la pêche du chevesne et j'ai remarqué un texte très intéressant qui a attiré mon attention et m'a intrigué. L'article disait que les chevesnes en été sont fous dc la cuiller Martin.

J'ai immédiatement pensé au Bisenzio, le fleuve qui traverse ma ville : Prato. Je n'avais jamais pêché au lancer dans cette rivière auparavant et je voulais essayer.

En discutant avec mon beau-frère Gabriele, il s'avèrait qu'il allait souvent pêcher à la cuillère dans le Bisenzio et qu'il attrapait aussi de beaux chevesnes. Il connaissait de nombreux bons endroits et m'a invité à l'accompagner.

Vous ne le croirez pas, mais à ce moment-là, mon beau-frère m'a semblé être le sauveur du pays, celui qui peut tout vous apprendre, que je devais observer attentivement et mémoriser ses moindres gestes car j'aurais appris ce que je n'avais pas encore réussi à comprendre.

C'est grâce à lui que j'ai pu apprendre à attraper des chevesnes. Merci Gabriel ! Merci beaucoup ! De nombreuses années ont passé, mais je porte encore en moi le souvenir indélébile de ces voyages de pêche extraordinaires.

En hiver, je pêchais avec un petit vairon, tandis qu'en été, j'utilisais de très petites cuillères Martin jaunes et noires. A présent, je me rendais souvent dans le

Bisenzio, et j'avais appris à connaître la rivière.

Je me souviens particulièrement d'un après-midi de janvier. L'eau de la rivière ondulait à cause d'un fort vent du nord et je suis entré dans l'eau très lentement avec mes cuissardes. L'avantage, c'est que le vent sur l'eau me cachait la vue des poissons.

C'était un après-midi magique, je me souviens que dans les 5 premiers lancers j'ai attrapé 5 chevesnes. C'était le signe que c'était un bon moment et que j'allais faire de bonnes prises. Pendant la partie de pêche, je me déplaçais constamment, traversant plusieurs ruisseaux très lents. Au final, j'ai attrapé un total de 22 chevesnes, tous de taille raisonnable. C'est toujours mon record personnel de chevesnes capturés au lancer dans le Bisenzio. Mais les records sont faits pour être battus, n'est-ce pas ? Je suis sûr que je faire mieux et ce serait génial de faire une vidéo de la partie de pêche pour la partager avec vous sur mes réseaux sociaux.

Les mois ont passé et j'ai continué à pêcher. Une fois de plus, grâce à mon beau-frère Gabriele, j'ai attrapé un beau brochet dans le lac Bilancino à Mugello.

Comme appât, j'ai utilisé une cuillère Martin de 28 grammes avec un ruban rouge, et bien sûr j'avais un beau câble en acier.

J'étais très satisfait de ma pêche, j'avais attrapé tant d'espèces de poissons différentes avec tant de leurres différents. Je maîtrisais de plus en plus la technique, je l'avais très bien apprise et j'ai ressenti le besoin de passer à quelque chose de nouveau.

2.

La Pêche A La Mouche Artificielle

La pêche à la mouche a ses origines britanniques, on retrouve dans cette technique tout le charme de la vieille Angleterre, et lentement, sur la pointe des pieds, elle a réussi à conquérir le monde entier.

Les Français ont été les premiers à s'approprier le concept de la mouche, réussissant à l'intégrer dans le beau paysage de la pêche avec d'excellentes techniques de pointe. Toute l'Europe a depuis suivi le mouvement, y compris l'Italie.

Il faut reconnaître qu'au départ, il s'agissait d'une technique de pêche réservée à quelques personnes, car le matériel était très coûteux. La terminologie étrangère n'a pas facilité la connaissance de ces mouches artificielles, la pratique elle-même était aussi difficile à comprendre que la terminologie.

De nombreux pêcheurs à la ligne considéraient la pêche à la mouche comme une pêche d'élite, et ceux qui la pratiquaient dédaignaient souvent les autres techniques.

Tous ces facteurs ont contribué à éloigner le grand public de la pêche à la mouche, mais les choses ont heureusement changé.

La connaissance de cette technique a totalement changé ma conception de la pêche, et m'a fait prendre conscience que ce n'est pas tant le poisson que l'on attrape qui est important, mais la façon dont on procède.

Je regardais souvent des films et des documentaires à la télévision. Les cannes de ces pêcheurs étaient faites de bambou refendu et avaient des poignées en liège, elles étaient très belles à regarder et j'étais fasciné par la façon dont ces pêcheurs lançaient la mouche artificielle. Ils étendaient la queue de rat bien en l'air derrière eux, et lorsqu'elle était complètement déployée, ils la lançaient à nouveau vers l'avant, permettant à la mouche artificielle de reposer doucement sur l'eau. Il s'agissait d'images très particulières et suggestives qui, les jours suivants, me sont souvent revenues à l'esprit.

"Cette technique est très belle, élégante, elle a un charme propre, et je suis convaincu qu'il ne doit pas être facile de l'apprendre".

Me suis-je dit.

J'ai toujours aimé les choses difficiles et j'ai donc voulu me lancer un nouveau défi. Tout d'abord, je me suis acheté une canne à pêche à la mouche, elle était faite d'un mélange de carbone et mesurait 8 pieds, soit environ 240 centimètres (un pied fait 30,48 cm). J'ai également acheté une queue de rat DTF5 et un moulinet Daiwa ainsi que quelques mouches, comme la Red Spinner, la March Brown et la Coch y Bondhu.

Plein d'enthousiasme, j'ai voulu tenter ma première sortie de pêche, conscient que ce ne serait pas facile.

Je me répétais sans cesse :

"J'ai bien appris les autres techniques, je connais la pêche, j'apprendrai aussi celle-cci, je dois juste me donner le temps qu'il faut pour l'acquérir."

Lorsque je suis arrivé à la rivière, j'ai monté la canne, j'ai enfilé la queue de rat dans les anneaux serpentins et j'ai encore tiré 3 ou 4 mètres de fil du moulinet. J'y ai attaché 2 mètres de nylon 0,30 et à l'extrémité, j'ai à nouveau fixé un nylon 0,14 plus fin d'environ 60 centimètres.

Je devais choisir une mouche et en observant les insectes autour de moi, j'ai remarqué que certains tendaient vers le rouge, il semblait donc logique de déclencher une Red Spinner comme mouche.

Maintenant vient la partie amusante.

"Comment dois-je lancer cette mouche ? Concentrons-nous sur le procédé !"

Pensai-je.

J'ai donc commencé à revoir mentalement les images que j'avais vues dans ce magnifique documentaire à la télévision.

Pour lever la queue, j'ai fait une sorte de double traction, c'est-à-dire que j'ai levé la canne avec ma main droite et en même temps j'ai tiré la queue de rat vers moi avec ma main gauche, en essayant de l'étendre bien derrière moi, mais j'avais beau essayer, la queue de rat tombait toujours dans l'eau, s'enroulant autour de toute l'extrémité, y compris la mouche.

"Quelque chose ne va pas !"

Je me suis exclamé.

Après de nombreuses tentatives infructueuses, j'ai décidé à contrecœur d'arrêter et je suis rentré chez moi très déçu. Dans les jours qui ont suivi cette triste expérience, j'ai remarqué que la fascination initiale que j'avais pour cette technique s'estompait lentement. Je n'ai pas l'habitude d'abandonner les choses même si elles ne vont pas bien, je devais trouver quelque chose pour compenser, j'ai donc décidé d'acheter un livre sur la pêche à la mouche où l'on enseignait cette technique de la bonne manière.

Grâce à cette précieuse lecture, je me suis rendu compte que j'avais pratiquement tout faux. J'avais fait une erreur dans la construction des extrémités décroissantes en nylon, je ne levais pas la canne correctement lorsque je lançais et je ne posais pas la queue de rat correctement derrière moi pour pouvoir la relancer vers l'avant.

Nous ne pouvons pas improviser cet art si nous n'avons pas eu un peu de pratique au préalable. Le lancer dans la pêche à la mouche est très important, il demande beaucoup d'expérience, malheur à celui qui veut faire les choses à la hâte, dans le pire des cas cela signifierait abandonner après peu de temps et revenir à la pêche aux appâts habituels, comme les vers de rosée ou de terre.

J'ai dû recommencer de zéro et tout oublier pour repartir du bon pied. Heureusement, peu après, j'ai appris que le club de pêche sportive Giunti de Prato organisait des cours de pêche à la mouche. Sans attendre et sans la moindre hésitation, je suis allé m'inscrire.

Le cours était divisé en deux parties. La première comprenait des cours théoriques sur tout ce qui concerne la pêche à la mouche, et avaient lieu sur place le soir après le dîner. Ensuite, il y avait la partie pratique le samedi après-midi, où les leçons de lancer étaient données directement sur la rivière. Je dois admettre que ces instructeurs étaient vraiment bons, ils nous ont transmis très patiemment toute leur expérience de la meilleure façon possible, et grâce à eux j'ai vraiment appris ce qu'est la pêche à la mouche.

À la fin du cours, j'ai décidé de mettre en pratique ce que j'avais appris. Près de ma maison, il y avait une petite carrière, où l'on extrayait de l'argile, qui s'était transfornée un petit étang. Lorsque je l'observais en fin d'après-midi après le travail, je voyais souvent de petits cercles à la surface de l'eau.

C'était le bon endroit pour me tester. La distance à laquelle je lançais n'avait pas d'importance, car je pouvais voir le mouvement des poissons passant constamment d'un banc de varech à l'autre.

Au-dessus de la végétation environnante, je pouvais voir des libellules voler et aussi beaucoup d'abeilles, je n'avais pas de mouches qui ressemblaient à cela, mais il semblait approprié d'essayer le March Brown.

J'ai lancé là où les lits de varech se terminaient et une fois dans l'eau, j'ai fait vibrer la mouche comme si elle était vivante. Ces vibrations n'ont pas mis longtemps à faire leur effet car peu après, j'ai vu un poisson bondir hors de l'eau avec la mouche dans la bouche et retomber bruyamment dans l'eau. C'était un Black-Bass, pas un gros, mais très combatif.

Quelle joie, quelle émotion ! J'avais attrapé mon premier poisson avec une mouche artificielle, c'était la juste récompense après tout le temps que j'avais passé à apprendre cette merveilleuse et fascinante technique.

Ces moments restent gravés dans ma mémoire et je m'en souviens encore aujourd'hui comme si c'était hier.

D'autres captures ont suivi, toujours de petits poissons, mais très divertissantes. En plus du black-bass ce jour-là, j'ai aussi attrapé du gardon et même de la perche soleil.

D'accord, ce n'était pas de grosses prises, mais la joie était immense parce que ce jour-là, j'ai enfin pêché de la bonne façon et attrapé différents types de poissons. J'ai parfaitement compris que ce n'est pas tant le poisson que l'on attrape que la façon dont on l'attrape.

Lorsque je repensais au cours de pêche à la mouche que j'avais suivi, des images des rives du Bisenzio me venaient naturellement à l'esprit, et mon désir de retourner sur ces rives grandissait de jour en jour. Et c'est ce que j'ai fait.

Je suis allé pêcher et quand je suis arrivé à la rivière, j'ai observé calmement la zone sous-marine. J'ai immédiatement remarqué que des chevesnes se déplaçaient dans et hors des branches d'un rondin immergé dans l'eau.

L'eau n'était pas profonde et un buisson épais me cachait de leur vue. Ces chevesnes nageaient tranquillement juste en dessous de moi. Je réfléchissais à la meilleure façon d'introduire la mouche dans l'eau, qui était très claire.

Cette situation m'a permis d'observer de mes propres yeux comment le chevesne réagissait à ma mouche.

De la bobine, je n'ai retiré qu'environ 2 mètres de fil, que j'ai couplé avec un autre fil de 0,14 de 1 mètre de long. Ayant vu quelques insectes "brun clair" voler dans la végétation, j'ai décidé de monter la mouche March Brown.

J'ai levé mon bras pour lancer et, en tenant la canne bien haut, j'ai fait sauter la mouche artificielle en la posant légèrement à la surface de l'eau. Un chevesne s'est arrêté un moment, s'est tourné vers la mouche et a commencé à l'observer.

"Je dois la secouer légèrement pour que les poissons réalisent qu'elle pourrait s'élever dans les airs et leur échapper !".

Me suis-je dit.

Le chevesne s'approchait lentement de la mouche et s'est arrêté un moment. Il la fixait toujours. J'ai ensuite fait faire à la mouche de très petits sauts et j'ai finalement vu le chevesne ouvrir la bouche, aspirer le leurre et la refermer.

"C'est le moment de ferrer !"

J'ai pensé, et donc je l'ai fait.

Je me réjouissais déjà de la prise, j'étais sur le point d'attraper mon premier chevesne avec une mouche artificielle et tout semblait assez facile. Mais hélas, ça ne s'est pas passé comme ça, et avec une grande déception, j'ai senti la mouche remonter légèrement et j'ai vu le chevesne s'éloigner.

" Pourquoi ! Pourquoi ?"

Je me suis demandé plusieurs fois.

J'ai beaucoup réfléchi à cette prise manquée et je peux

vous assurer qu'elle m'a appris plus qu'elle n'aurait dû. Nos échecs sont souvent nos meilleurs professeurs. Nous pouvons apprendre beaucoup de ces échecs.

Le chevesne est le poisson le moins désiré par les pêcheurs à la mouche, pourtant il est plus fréquemment capturé car il n'a pas de saison fermée et peut être trouvé partout. C'est un poisson très rusé, qui se méfie toujours, même de l'imitation de mouche la plus parfaite.

Lorsque l'eau est profonde et calme, le chevesne attrape notre mouche artificielle du bas vers le haut, sans même onduler la surface de l'eau, nous ne remarquons qu'un cercle imperceptible et en un instant il a déjà relâché la mouche.

Il faudrait ferrer à l'avance afin de saisir le bon moment, mais c'est impossible. Voilà le défi du cyprinidé rusé : apprendre le bon moment pour ferrer ! Il faut beaucoup de pratique, encore et encore, et ce n'est qu'à ce prix que nous pourrons être pleinement satisfait. La constance est toujours payante.

I Comportement des Poissons

Après vous avoir expliqué le comportement du chevesne, je peux vous décrire en général comment les poissons se comportent dans l'eau lorsqu'ils veulent trouver de la nourriture. Ce sont des choses très importantes à savoir, car c'est sur cette base que nous pourrons choisir la méthode de pêche la plus appropriée.

Tous les poissons insectivores sont conditionnés par le cycle biologique des insectes.

Quand on remarque le poisson en activité sur le fond, cela signifie qu'il chasse les larves et les nymphes qui sont sorties de leurs abris. Dans ce cas, la bonne imitation à présenter sera une petite nymphe lourdement plombée pour l'amener au fond. Si nous remarquons que le poisson remonte du fond vers la surface, nous pouvons en déduire qu'une métamorphose a lieu et dans ce cas nous devons utiliser une nymphe moins plombée.

Si, en revanche, le poisson remonte et arrive en

surface, cela signifie qu'une autre métamorphose a lieu. Dans ce cas, nous pouvons utiliser une nymphe non plombée ou une mouche immergée qui se déplacera sous la surface de l'eau.

Lorsque nous voyons des cercles en surface, cela signifie que le poisson est en train de chasser à la surface de l'eau - dans le jargon, nous disons que le poisson est en train de bouillonner - cela indique la présence d'insectes qui achèvent leur développement ou qui ont déjà terminé leur métamorphose. C'est le moment magique de la pêche à la mouche sèche en surface.

Ces comportements des poissons, influencés par la métamorphose des insectes, indiquent la méthode de pêche à utiliser. Vous saurez désormais comment choisir la bonne parmi ces trois techniques différentes : la pêche à la mouche en nymphe, la pêche à la mouche immergée et la pêche à la mouche sèche.

Examinons maintenant ces deux dernières techniques plus en détail.

La Pêche à la Mouche Immergée

Cette technique est très rentable, nous pouvons la pratiquer à tout moment de l'année et dans toutes les conditions environnementales possibles. Cela peut paraître contradictoire avec ce que j'ai dit précédemment car il n'y a aucune référence entre les activités des poissons et la métamorphose des insectes.

Mais laissez-moi vous expliquer plus en détail. Une observation attentive nous permet de déduire que le poisson n'attaque pas seulement notre leurre pour se nourrir, mais aussi pour d'autres raisons. Oui, le poisson n'attaque pas seulement pour se nourrir.

Nous ne pouvons pas deviner les pensées d'un poisson et connaître sa psychologie, mais lorsque les situations sont répétées plusieurs fois, nous pouvons établir qu'il existe des règles de comportement.

Souvent, le poisson veut jouer et est stimulé par notre leurre. Il peut donc passer près de lui, le pousser ici et là et il peut s'y accrocher par jeu.

A d'autres moments, il attaque l'appât pour se défendre, parce que cette petite créature a stimulé ses instincts de défense territoriale, ou parce qu'il a été trompé par le jeu.

La curiosité pousse également le poisson à toucher cet objet curieux avec sa bouche. Les animaux sont facilement intrigués. Il s'agit d'une série de comportements qui n'ont rien à voir avec la recherche de nourriture.

En conclusion, je voudrais vous dire que la pêche à la mouche immergée se fait en descendant le cours d'eau d'amont en aval.

Cela nous donnera un meilleur contrôle du leurre et nous permettra de répondre plus rapidement à une morsure, même si nous avons parfois l'impression que le poisson se leurre tout seul.

La Pêche à la Mouche Sèche

Si l'on peut pratiquer la technique de la mouche

immergée pratiquement toute l'année, la pêche à la mouche sèche se pratique mieux en été, car il y a une plus grande concentration d'insectes à proximité de chaque cours d'eau.

Nous apprenons à observer les insectes, à reconnaître l'ordre auquel ils appartiennent, et surtout à faire attention à leurs formes et à leurs couleurs, car plus notre imitation sera proche de l'insecte réel, plus il sera facile de convaincre le poisson de mordre.

Ce sont les bouillonnements classiques que nous voyons sur l'eau qui nous indiquent qu'il faut pêcher avec une mouche sèche, tous ces cercles faits par les poissons à la surface nous préviennent que c'est le moment magique de la pêche à la mouche sèche. Ils sont en pleine frénésie alimentaire et se jettent sur nos imitations sans hésiter.

Le pêcheur prudent ne manquera pas cette occasion et laissera de côté les autres techniques.

Malheureusement, de nombreux pêcheurs snobent cette activité d'observation de la nature. Il est très important de se rapprocher de la rivière et d'observer la vie de ses habitants avant de commencer à pêcher. Ceux qui savent bien lire ce qui se passe sur le lieu de pêche seront récompensés par de belles prises.

Cette technique se pratique en remontant le courant, il faut lancer d'aval en amont et on peut le   faire en travers ou même à contre-courant.

Il sera très important d'être bon pour lancer notre mouche avec précision à une courte distance de l'endroit où le poisson chasse. De cette façon, le courant amènera de façon inattendue et naturelle notre appât devant la bouche du poisson.

N'oubliez pas que notre mouche doit se comporter sur l'eau comme un véritable insecte.

3.

Les Demi-Mouches

L'un des inconvénients les plus courants de la pêche aux insectes naturels ou aux vers de terre est l'incapacité à maintenir la forme de l'appât au fil des lancers.

En effet, après quelques lancers, les appâts s'entassent sur le col ou la pointe de l'hameçon, présentant un assemblage informe laissant apparaître le nœud en nylon et la tête de l'hameçon.

Ce sont toutes des situations qui empêchent les poissons de mordre et rendent notre pêche improductive.

Pour éviter ce grave désagrément, il existe heureusement des demi-mouches.

Qu'est-ce que c'est ? Je vais vous le dire maintenant !

Il s'agit d'un leurre dont la moitié de l'hameçon est recouverte de fil de soie (ou de coton) pour réaliser le corps et la tête avec les hackles (plumes) correspondants, tandis que l'autre moitié est amorcée avec des appâts vivants, comme des vers de rosée, des chenilles ou des vers de terre.

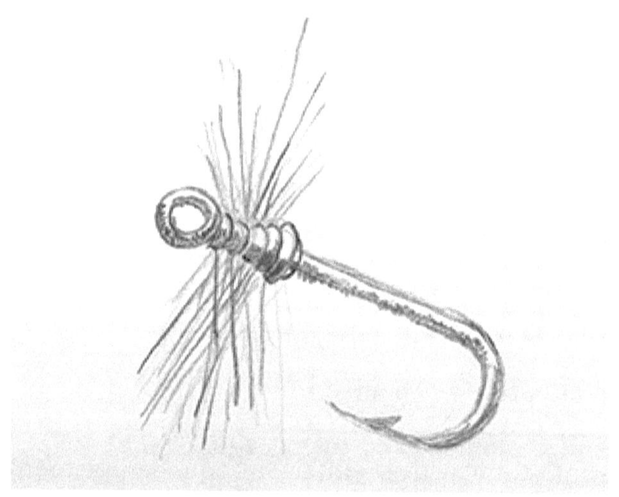

Fig. 1: *La demi-mouche sans appât vivant.*

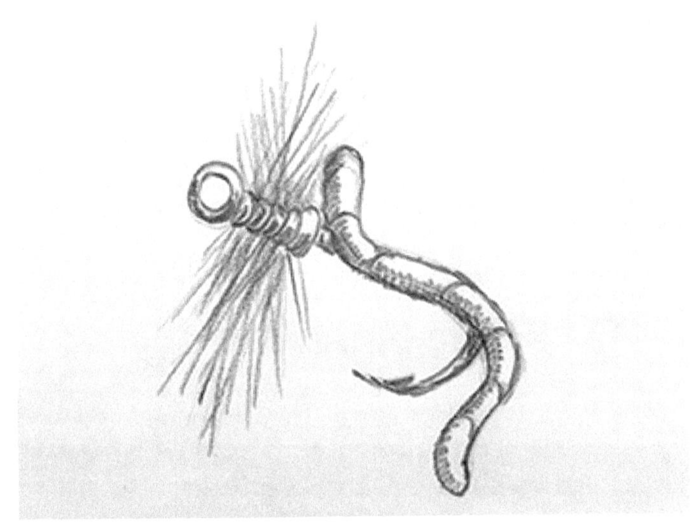

Fig. 2: *La demi-mouche avec un appât vivant*

La demi-mouche peut également avoir un autre objectif. De nombreux amis pêcheurs aimeraient se mettre à la pêche à la mouche, sont tentés, mais n'ont pas le courage de se lancer et ne se sentent pas encore prêts à abandonner les appâts vivants pour les appâts artificiels.

Eh bien, cette technique très simple vous fera passer de la pêche aux appâts vivants à la pêche aux appâts artificiels. Vous remarquerez que le poisson mordra calmement le leurre artificiel, le confondant avec un appât naturel, et ce sont les vibrations et le goût de l'appât vivant qui permettront au poisson de garder la demi-mouche dans sa bouche quelques instants de plus, nous permettant ainsi de le ferrer en toute sécurité.

4.

Comment J'ai Connu le Tenkara

Je suis très reconnaissant aux demi-mouches car c'est grâce à elles que j'ai pu entendre le mot Tenkara pour la première fois.

Je m'en étais fabriqué une en soie jaune avec des hackles de coq blanc, à utiliser avec une larve de mouche.

Le Bisenzio était proche de la maison, il était facilement accessible et il y avait beaucoup de poissons. A présent, je le connaissais bien, c'était devenue ma rivière préférée, idéale pour expérimenter la technique de la demi-mouche.

Je suis allé au bord d'une chute d'eau, qui coulait rapidement au milieu et plus lentement sur les côtés. Dans ces coins plus lents, il y avait beaucoup de pierres au fond et quelques rochers qui dépassaient. Il était donc logique d'en déduire qu'il y avait de nombreux refuges pour les poissons.

J'ai monté ma canne fixe de 4 mètres et 50 centimètres avec une ligne libre, sans poids ni flotteurs, et j'ai attaché une demi-mouche fabriquée sur un hameçon de calibre 14, appâté avec un bigattino (asticot de la mouche grise carnaria). J'ai lancé dans la cascade, où l'eau tombant d'en haut formait une belle mousse blanche, et j'ai laissé l'appât se laisser porter par le courant, en le maintenant en légère tension avec la ligne.

Quand je suis arrivé en bout de course, j'ai récupéré la demi-mouche et j'ai relancé. Alors que je vérifiais soigneusement la ligne qui passait entre deux rochers, j'ai soudain senti un coup sec et j'ai vu le bout de ma canne à pêche commencer à se plier de plus en plus.

Me suis-je dit.

Après une courte résistance, j'ai ramené un chevesne sur le rivage. Même s'il n'était pas très gros, cela m'a donné confiance. Et en continuant à pêcher, j'ai attrapé encore plus de chevesnes.

Bien sûr, en pêchant avec une ligne libre, sans aucune sorte de plomb, le lancer était très court. J'ai ensuite décidé d'ajouter un petit plomb à 30 centimètres de la demi-mouche afin de lancer plus loin et de laisser l'appât couler un peu plus.

J'ai donc relancé l'appât, mais cette fois-ci beaucoup plus loin. La demi-mouche a pris le courant et s'est lentement enfoncée de plus en plus profondément.

Le nylon passait entre deux rochers affleurants, quand soudain j'ai senti un coup très fort sur le bout de la canne. Je me suis immédiatement rendu compte que c'était une morsure différente des autres.

"Cen'est pas un chevesne !"

M'exclamai-je.

J'observais avec attention toute la flexibilité de la tige, très courbée à ce moment-là. Le poisson était constamment sur le fond et essayait de remonter le courant.

"Je me demande quel genre de poisson c'est..."

Pensai-je.

Après quelques minutes, je me suis rendu compte que j'avais raison, ce n'était pas un chevesne. Lorsque j'ai vu ce poisson, j'ai d'abord été un peu étonné. J'ai immédiatement remarqué ses petites écailles, la couleur brun verdâtre de son dos. Il tendait vers le jaune sur les côtés et était presque blanc sur le ventre, et il avait une bouche très charnue d'où pendaient quatre barbillons.

M'exclamai-je.

Vous ne le croirez pas, mais lors de cette sortie de pêche avec des demi-mouches - en les faisant flotter sur le fond alors qu'elles étaient portées par le courant - j'ai réussi à attraper 11 barbeaux. Plus tous ces chevesnes que j'avais attrapés en surface sans plomb.

Imaginez juste. J'étais ravi car j'avais pratiqué une nouvelle technique que je ne connaissais pas et aussi attrapé plusieurs poissons.

Et le Tenkara ? Me direz-vous ? Eh bien, pendant ma partie de pêche, j'ai vu deux pêcheurs s'avancer au loin. Ils étaient à quelques dizaines de mètres l'un de l'autre, tous deux pêchant avec la même technique : un lancer, une pause et c'est reparti.

Ils se rapprochaient de plus en plus. Je les observais et j'ai cru par erreur qu'ils pêchaient à la mouche. Lorsque le premier pêcheur s'est mis à côté de moi, nous avons échangé un salut, le classique "Bonjour, comment allez-vous ?".

J'ai remarqué quelque chose de différent dans son équipement, il n'avait ni moulinet ni queue de rat, mais la canne à pêche était très belle, elle avait une poignée en liège, la couleur était d'un noir irisé, elle était fine et flexible.

Curieux comme je le suis, je l'ai interrogé sur sa canne et sur la façon dont il l'utilisait. Il était très gentil et m'a dit qu'il pêchait au tenkara, ce qui est beaucoup plus facile que la pêche à la mouche car on peut se déplacer plus facilement dans la rivière, c'est moins exigeant et il ne faut pas être un bon lanceur.

Je l'ai remercié pour ses réponses et nous nous sommes dit au revoir. Les jours suivants, j'ai réfléchi aux paroles de ce pêcheur et à sa technique : le Tenkara.

En un instant, je me suis rappelé de lointains mais très beaux souvenirs, lorsque mon fils était très jeune et que nous regardions ensemble des dessins animés à la télévision. Il y en avait un que je suivais en particulier, c'était Sampei, le garçon pêcheur. J'étais fasciné par sa fine canne en bambou, mais encore plus par son enthousiasme et la facilité avec laquelle il parvenait à attraper des poissons.

Ces émissions exprimaient la joie de la pêche, la simplicité de l'équipement et j'ai réalisé que l'on pouvait s'amuser avec très peu de choses.

En associant Sampei à ce que le pêcheur m'avait dit, j'en ai tiré la conclusion que ce personnage utilisait aussi le tenkara. Soudain, j'ai voulu en savoir plus. Malheureusement, je n'ai trouvé personne qui puisse me donner les informations nécessaires. J'ai dû faire beaucoup de recherches, mais j'ai finalement réussi à trouver des informations assez complètes.

Ayant pratiqué la pêche à la mouche pendant longtemps, je dois admettre que l'impact avec le tenkara a été très facile. Mais ce qui m'a le plus enthousiasmé, c'est le plaisir, l'essence pure de la pêche, la joie retrouvée que cette technique peut vous procurer.

Je ne peux pas savoir si la personne qui lit ce livre est quelqu'un qui connaît peu ou pas du tout le tenkara, ou si elle est un pêcheur expérimenté. En tout cas, ce que je ferai dans ces pages, c'est d'essayer de vous transmettre tout ce que je sais.

5.

Le Tenkara

Le Tenkara est une ancienne technique japonaise de pêche à la mouche. Son but était de capturer différents types de truites et d'ombles dans divers ruisseaux de montagne. Elle n'était pas pratiquée comme un sport ou un passe-temps comme nous le faisons aujourd'hui, mais comme une question de survie. Si vous avez attrapé le poisson, vous mangez, sinon vous sautez le repas.

Les pêcheurs se transmettaient de père en fils les secrets que l'expérience leur avait transmis.

La terre était riche en bambou et il leur était très facile d'obtenir ce matériau avec lequel ils fabriquaient chacun leur propre canne à pêche. La ligne de pêche était faite de crin de cheval tissé en longueurs décroissantes. Les mouches étaient également fabriquées de manière très simple et pratique, en utilisant des matériaux facilement disponibles tels que des plumes de poulet pour les hackles et des fils végétaux pour le corps de la mouche. Mais malgré cela, elles étaient très attrayantes.

Cela confirme ma théorie tirée de l'expérience : ce n'est pas la mouche qui compte, mais la façon dont on la présente au poisson et dont on lui donne vie.

Le Tenkara a commencé à devenir un passe-temps dans les années 1960. Avant cela, c'était une question de survie et de profession.

À partir des années 1980, il a commencé à devenir de plus en plus populaire en tant que sport, notamment grâce aux écrits de Yamamoto Soseki, qui est pour beaucoup le père moderne du tenkara.

Les Origines du Mot Tenkara

Le mot tenkara fait référence à la pêche à la mouche traditionnelle japonaise. Ces origines sont entourées de mystère, notamment parce qu'il n'existe pas de véritable "kanji" pour ce mot. Les kanji sont des caractères d'origine chinoise utilisés dans l'écriture japonaise en conjonction avec les syllabaires hiragana et katakana.

Quoi qu'il en soit, de nombreux éléments indiquent que le mot tenkara était utilisé pour désigner cette technique de pêche à la mouche.

Autrefois, les Kijishi - les bûcherons de la région de Tōhoku au Japon - utilisaient les mots tegara, tenkara, tengura, tenkarako ou tenkako pour décrire les insectes volants (Discover Tenkara, n.d.). Pour désigner la pêche à la mouche, ils utilisaient le terme *tenkara-tsuri*.

Lorsque certains magazines de pêche japonais parlaient de la pêche à la mouche sans moulinet dont Yamamoto Soseki faisait la promotion dans ses livres, on l'appelait parfois kebari-tsuri, parfois *tenkara* ou *tenkara-tsuri*.

Les mouches artificielles pour la pêche à la mouche étaient autrefois appelées kebari. Ce mot vient de la fusion de deux autres, le premier est *ke* et signifie plume, tandis que l'autre est *hari* qui signifie aiguille, mais peut aussi être traduit par hameçon. Autrefois, les hameçons étaient fabriqués à l'aide d'aiguilles à coudre, pliées manuellement dans la forme souhaitée, c'est pourquoi nous pouvons accepter cette double traduction. Le mot *ke* plus *hari*, pour une raison de prononciation, se dit kebari.

Avec tous ces termes, certains lecteurs pourraient confondre la pêche à la mouche moderne avec un moulinet et la pêche à la mouche classique sans moulinet. C'est là que Yuzo Sebata, un autre grand maître du tenkara qui a consolidé l'utilisation du terme "tenkara" dans le magazine Tsuribito (Pêcheur) dans les années 1980, est venu à la rescousse (Gaskell, 2020). Il a expliqué que la technique sans moulinet dérivée de la tradition du Shokuryoshi devrait être appelée tenkara.

Les Shokuryoshi ne pêchaient pas pour le plaisir, ils vendaient des truites, et ils ne se préoccupaient pas des moulinets parce que c'était inutile. (Lyle, 2019).

Ce n'était pas nécessaire de lancer loin dans les ruisseaux de montagne et nul besoin de moulinet pour attraper du poisson. Ils ont fait comme je le fais souvent dans mes vidéos de pêche : ils ont remonté la canne à pêche et pris la ligne dans leurs mains pour ramener le poisson à leurs pieds.

La première définition du mot "tenkara" a été traduite par nous, Occidentaux, d'une manière très simple avec cette signification : du ciel. Le sens est le suivant : du ciel, les mouches tombent dans l'eau, dont se nourrissent les poissons. Il s'agit donc d'une traduction acceptable qui correspond parfaitement au cycle naturel de l'insecte et à l'alimentation des poissons. Une autre interprétation similaire est que le pêcheur met sa mouche dans l'eau depuis le ciel.

La Philosophie et la Tradition du Tenkara

Se référer au tenkara uniquement comme une simple et banale technique de pêche à la mouche serait très réducteur et erroné.

La philosophie du tenkara préserve et honore un grand nombre de valeurs et de compétences que possédaient les professionnels de la montagne. Il s'agissait non seulement des Shokuryoshi, mais aussi des Kijishi, les bûcherons et les travailleurs du bois dont nous avons parlé précédemment.

Ils produisaient de petits objets en bois tourné à vernir, ainsi que des bols, des louches et des plateaux ordinaires non vernis. Ils étaient à l'origine des migrateurs, déplaçant leur base d'opérations d'une vallée montagneuse à une autre tous les dix ans environ. Ils formaient des communautés semi-permanentes lorsque les ressources le permettaient, intégrant leur travail du bois à l'agriculture (Wigen, 1995).

Il est facile de penser que les connaissances et l'art du travail du bois des Kijishi ont contribué d'une manière ou d'une autre à la construction d'excellentes cannes à pêche et à la fabrication de ces fantastiques cuissardes en bois d'antan. Parmi ces professionnels, il y avait aussi les Matagi, les chasseurs des forêts de montagne, également dans la région de Tōhoku au nord du Japon. Ils chassaient principalement l'ours.

Ils priaient avant de pénétrer dans le royaume sacré de la montagne, où ils passaient des heures à écouter, à attendre et à regarder, détectant des signes presque imperceptibles de la proximité d'un ours (National Geographic, 2017). Les Matagi existent encore aujourd'hui et continuent de chasser avec les mêmes armes que leurs ancêtres.

Leur culture est centrée sur leur foi envers les dieux de la montagne. Pour eux, la chasse est un mode de vie et non une forme de sport. Bien que cela puisse sembler paradoxal, leur chasse est très respectueuse et véhicule une identité profondément liée à la terre et aux animaux qu'ils chassent. Après avoir tué leur proie, ils laissent une partie des intestins de l'ours en offrande à la déesse de la montagne (National Geographic, 2017). Les animaux chassés sont perçus comme des cadeaux des dieux de la montagne.

D'une certaine manière, on peut dire que le tenkara

est la descendance des cultures de ces professionnels de la montagne.

Par exemple, les compétences des Shokuryoshi proviennent très probablement des Matagi, car lorsqu'ils allaient chasser l'ours, ils pêchaient souvent l'omble blanc pour le déplacer dans les cours d'eau où il était absent ou rare (Discover Tenkara, n.d.). C'était leur repas de secours si la chasse tournait mal. Ce sont des leçons de pêche et de survie qui ont été transmises à ces clans professionnels de la montagne.

La personne qui incarne cet authentique esprit tenkara est certainement Yuzo Sebata, qui a consacré sa vie à développer et à promouvoir la philosophie et la pratique du tenkara. Il a essentiellement inventé l'exploration "genryu" à haut risque et follement aventureuse, combinée à la pêche tenkara et inspirée par les Matagi et Shokuryoshi.

Sebata-san avait une grande connaissance de l'environnement, grimpant, nageant, cherchant de la nourriture. Il campait pendant des semaines à l'intérieur des anciennes grottes et abris de Matagi comme un explorateur intrépide pour accéder aux zones les plus reculées et intactes des torrents de montagne. Ces sources et résurgences sont appelées "genryu".

C'est le tenkara de Sebata-san, le genryu-tenkara aventureux qui a inspiré de nombreux amateurs de plein air.

Ses amis disent que Sebata-san a en fait la même personnalité que l'iwana qu'il poursuit (Gaskell, 2020). L'iwana est le nom japonais de l'omble blanc, une truite d'Asie orientale.

Ces poissons ont la particularité de continuer à nager de plus en plus loin en amont, puis en aval, et ce bien au-delà des limites des truites et saumons japonais.

Comme l'omble blanc, Sebata-san avait cette envie irrépressible de continuer à avancer de plus en plus loin en amont pour trouver ses limites, ainsi que pour atteindre - et finalement escalader - l'obstacle qui a vaincu l'iwana dans chaque système fluvial (Tenkara Angler, 2020).

Pour les amateurs de genryu-tenkara, la pêche n'est bien sûr qu'une petite partie de l'expérience.

Ce n'est pas seulement une combinaison de randonnée, d'escalade et de camping, c'est quelque chose d'encore plus extrême comme nager avec un sac à dos où vous avez tout à l'intérieur, traverser l'eau avec des cordes et même survivre en terrain difficile.

"La pêche au Tenkara est très facile, ce qui me donne l'impression de faire partie de la montagne."
Yuzo Sabata

Le genryu-tenkara n'est qu'une des variantes du tenkara. À partir des années 1980, outre la diffusion du tenkara traditionnel, d'autres techniques ont commencé à se développer. Ils différaient par les cannes utilisées pour construire la ligne. Par exemple, certains ont accepté l'utilisation de "Level Lines"(lignes avec le même diamètre sur toute la longueur).

Mais bien qu'il existe différentes écoles, elles sont toutes basées sur les compétences des Shokuryoshi qui fournissaient de la nourriture à leurs familles et faisaient le commerce du poisson.

Vous serez peut-être surpris d'apprendre qu'il existe encore des maîtres de tenkara, qui ont vécu la vie d'un Shokuryioshi professionnel. Ils ne se sont pas tous éteints et certains le font encore une partie de leur vie. (Discover Tenkara n.d).

6.

Tenkara et Valsesian

Le Tenkara est très similaire à notre Valsesian, une technique de pêche à la mouche pratiquée depuis des siècles en Valsesia, une vallée alpine de la province de Vercelli dans le Piémont, au pied du Mont Rose.

Elle se pratique également sans moulinet et ne nécessite qu'une canne fixe, une ligne en crin de cheval et des mouches simples. Cela ne diffère du tenkara que sur quelques détails. Comme pour le tenkara, les secrets de cette pêche ont été transmis de père en fils.

Les pêcheurs à la mouche anglais pêchaient principalement dans des eaux calmes et pouvaient lancer l'appât très loin et le faire flotter. Alors qu'en Valsesia, où il y a souvent des courants rapides et tourbillonnants, cela n'était pas possible, une technique de pêche à courte distance basée principalement sur l'utilisation de mouches immergées a été développée (Pesca Network, 2011).

La pêche valsesienne est une pêche de mouvement et se fait en amont, c'est-à-dire en remontant la vallée.

Dans le tenkara, on utilise une seule mouche, alors que dans le Valsesia, on utilise généralement trois mouches, parfois même quatre jusqu'à un maximum de cinq. Ces mouches attachées ensemble forment ce qu'on appelle le "train Valsesia", dont la longueur peut varier d'environ 70 à 100 centimètres.

L'utilisation de plusieurs mouches n'a pas pour but d'essayer d'attraper plus d'un poisson à la fois, bien que cela puisse arriver occasionnellement, mais cela permet de présenter des mouches à différentes distances et aussi à différentes profondeurs en un seul lancer, cela aide à couvrir l'eau plus efficacement.

Par exemple, en prenant les 3 mouches comme référence, la mouche du haut pêche au fond, la mouche du milieu pêche au milieu de l'eau et la troisième mouche pêche à la surface. Lorsque vous pêchez en surface, la troisième mouche peut également servir d'indicateur de touche pour les deux autres. La mouche supérieure est tenue de manière à ce qu'elle danse presque à la surface de l'eau, un peu comme la vieille technique américaine ou britannique appelée "dibbling the top dropper" (Stewart, n.d.).

Normalement, on pêche avec trois mouches espacées d'environ 35 centimètres, et la distance dépend beaucoup de la largeur du cours d'eau et de la vitesse de l'eau (Boccardo, n.d.).

Les mouches sont généralement montées sur des hameçons de type grub, qui sont plus arqués et plus courbés que les hameçons plus courants. Autrefois, on en utilisait sans œillet, sur lesquels on attachait la ligne et sur lesquels on construisait la mouche directement (Boccardo, n.d.).

Pour réaliser ces mouches, on utilise généralement des plumes provenant du gibier typique des vallées piémontaises, comme la perdrix, le perdreau, la bécasse, le faisan et la grive (Boccardo, s.d.).

Les mouches sont étonnamment similaires aux mouches kebari utilisées en tenkara.

Nous l'avons mentionné précédemment, comme dans le tenkara, la ligne était faite de crin de cheval. Il était torsadé et tressé dans un ordre décroissant. Il a ensuite été fabriqué de manière à devenir de plus en plus fin vers l'extrémité. Habituellement, ces tresses partaient de 18-20 crins de cheval au départ, pour descendre à 2-4. Le "train valsesien" a ensuite été attaché à cette extrémité.

Avec les mouches de Valsesia, on peut attraper différents types de poissons, comme la truite marbrée, la truite fario, la truite arc-en-ciel, l'omble chevalier, la truite de rivière et l'ombre commun. Parfois, nous pouvons aussi capturer quelques beaux chevesnes.

Terminons maintenant en parlant de la canne. La

longueur de la canne valsesienne se situe généralement entre 3,5 et 4 mètres. Elle peut être encore plus longue, par exemple 4,70 mètres, si elle est utilisée dans les rivières de fond de vallée.

La canne à pêche traditionnelle se compose de trois pièces, les deux premières étant en canne de Provence (Arundo donax) - un matériau que l'on trouve facilement sur les berges des rivières - tandis que le scion est en bambou, car il est plus souple, plus fin et plus résistant. En remplacement du bambou, on peut utiliser le noisetier ou le cornouiller (Cornus sanguinea).

La deuxième pièce est la plus courte et sert de liaison entre le corps de la canne et le scion. Ce dernier a généralement une longueur comprise entre 50 et 100 centimètres, qui varie évidemment en fonction de la taille des autres pièces, et sert à donner de la force et de la sensibilité à l'ensemble de la canne.

Traditionnellement, les liens des greffons étaient réalisés en corde de chanvre puis passés dans la poix, et l'ensemble une fois terminé se comportait comme une seule pièce, souple mais solide, capable de capturer des poissons pesant même quelques kilos (Scalvini, n.d.).

Bien qu'il existe de nombreuses variantes modernes, il est bon de savoir que ces merveilleuses cannes sont toujours fabriquées à la main à Valsesia. Il est très important de maintenir et de transmettre de belles traditions.

7.

Fabrication de la Canne en Bambou

Dans ce chapitre, je vais vous donner quelques conseils très utiles pour ceux qui veulent s'essayer à la fabrication de leurs propres cannes en bambou. Tout d'abord, le bambou doit être coupé en hiver, car à ce moment-là, la sève ne circule plus.

La canne à pêche que nous devons couper doit mesurer au moins 4 mètres de long. Une longueur plus courte n'est pas souhaitable, car cela signifie qu'elle n'est pas assez mûre pour être utilisée. Il est conseillé de couper plusieurs cannes afin d'avoir plus de pièces disponibles en cas de perte. Si possible, lorsque nous sommes devant le champ, nous devons choisir les plus droites afin de perdre moins de temps lorsqu'il faudra les redresser.

Les cannes récoltées doivent être séchées et entreposées dans un endroit sec et ventilé. Quand elles sont complètement sèches, nous pouvons alors passer à l'étape du redressement. Nous pouvons utiliser n'importe quelle source de chaleur pour chauffer la canne, une cheminée, une cuisinière à gaz ou un brasero, en fonction de ce dont on dispose.

Moment de Réflexion

Aujourd'hui, à l'ère du consumérisme, il est rare de voir des pêcheurs avec des cannes en bambou. C'est dommage, car dans leur simplicité, elles renferment tout le charme de la pêche.

Les cannes en bambou s'intègrent bien à l'environnement, elles sont fabriquées à partir de matériaux naturels à un très faible coût et si une pièce se casse, le pêcheur peut facilement la remplacer lui-même. Un autre avantage de fabriquer ses propres cannes à pêche est que chaque canne est différente et chacun la personnalise selon ses goûts et ses compétences lors de la phase de construction.

Chaque pêcheur était fier de sa canne, car il avait soigneusement choisi chaque pièce pour qu'elle ait une action qui réponde à ses besoins.

Malheureusement, tout cela a pris fin de façon inexplicable un jour. Les cannes télescopiques ont remplacé les cannes emboîtables et la fibre de verre a pris la place du bambou. Elles sont beaucoup plus pratiques et moins encombrants lorsque nous les portons lors de nos sorties de pêche.

Pour être honnête, c'est ce que je pense aussi, en plus elles ont de belles couleurs et sont disponibles en plusieurs longueurs. Mais parfois, nous ne réalisons pas qu'il s'agit d'une parade constante pour exhiber nos cannes pendant que nous pêchons..

Un sage proverbe dit : "L'herbe est toujours plus verte de l'autre côté". Très souvent, c'est vrai, les pêcheurs aiment les cannes des autres. Au fil des ans, nous sommes tous devenus des collectionneurs. Nous avons toujours acheté de nouvelles cannes à pêche, en imaginant que la prochaine serait la dernière.

De nouvelles fibres pour la construction des cannes sont apparues sur le marché, comme le Kevlar, qui est trois fois plus résistant que l'acier et 20% plus léger que le carbone. Le bore, qui est plus fort que l'acier et plus léger que l'aluminium, ce qui rend les cannes plus sensibles et plus résistantes. Et le carbone, qui est exceptionnellement léger et totalement exempt de vibrations.

Ces fibres sont prêtes à répondre à toutes les exigences des pêcheurs les plus avancés. Le seul point sensible pourrait être le prix, car ces matériaux sont très onéreux et ne sont peut-être pas à la portée de tous.

Parfois, lorsque je regarde et réfléchis à toutes les séries de cannes que j'ai moi aussi achetées dans le passé, j'éprouve un certain remord.

"Pourquoi ai-je acheté toutes ces cannes ? Pourquoi ?"

C'est avec beaucoup de nostalgie que je repense à ma première canne en bambou, composée de quatre élements emboîtables. C'est la canne à pêche que mes parents m'avaient offerte quand j'avais 14 ans. J'ai souvent éprouvé le désir de la prendre à nouveau en main et de pêcher avec pour revivre ces vieilles émotions de l'époque où il fallait très peu de choses pour s'amuser.

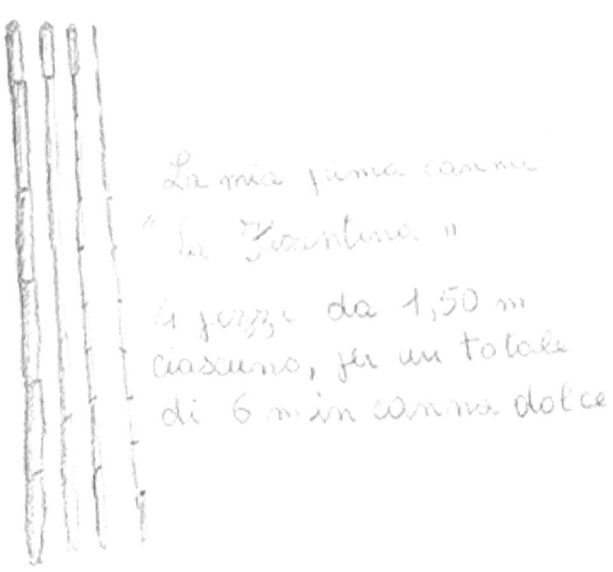

Fig. 3: *Ma première canne à pêche "La Fiorentina". 4 éléments de 1,50 m chacun, soit un total de 6 m en canne souple.*

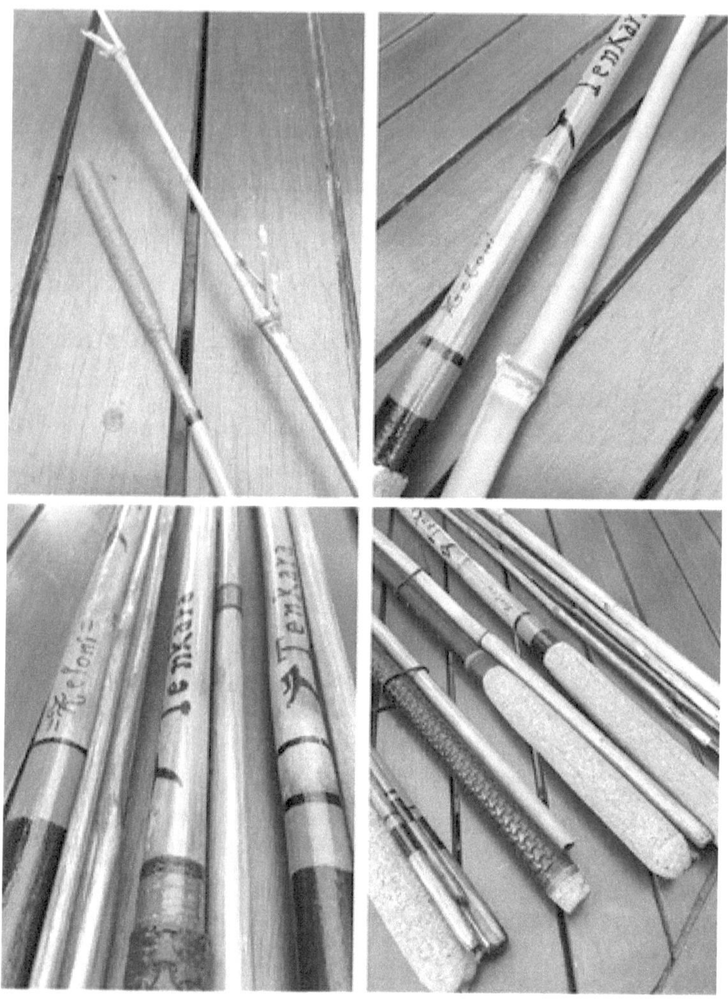

Fig. 4: Quelques-unes de mes cannes à pêche faites maison.

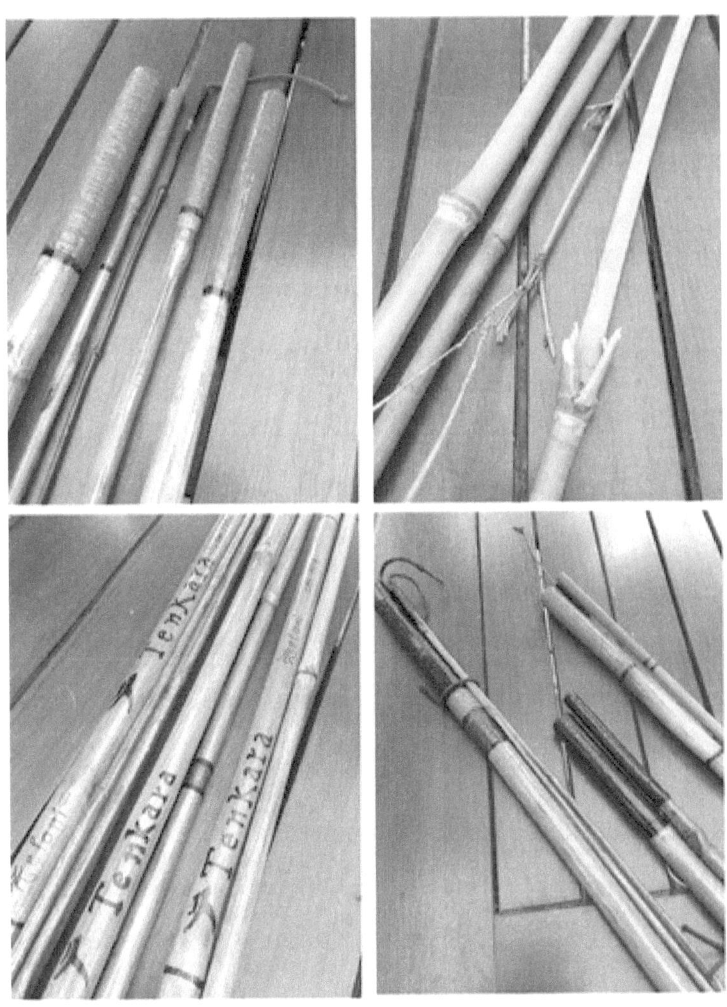

Fig. 5: *Autres cannes en bambou faites maison.*

Cannes Modernes e Conseils

Il existe également sur le marché des cannes tenkara en fibre de carbone télescopiques et donc très faciles à transporter. Elles ont un encombrement de 54 centimètres seulement et pèsent moins de 60 grammes.

La longueur de ces cannes varie de 320 centimètres à 400 centimètres. Celles de 320 cm sont idéales pour les petits ruisseaux de montagne avec peu de végétation environnante, tandis que les cannes de 400 cm conviennent aux ruisseaux et rivières plus importants.

Il faut calculer que plus la canne est longue, plus nous devons avoir d'espace libre autour de nous lorsque nous lançons. De cette façon, nous éviterons d'accrocher la végétation environnante, y compris les branches des arbres.

Chaque canne a sa propre action et elle s'exprime par le rapport entre les parties rigides et flexibles. Exemple : Si elle est marquée 7:3, cela signifie que les

7 parties inférieures sont plus rigides, tandis que les 3 autres parties supérieures sont flexibles. Les actions les plus utilisées sont 6:4 et 7:3. Bien sûr, il existe aussi des cannes beaucoup plus rigides avec une action de 8:2 ou des cannes très souples avec une action de 5:5.

Ces informations sur les cannes disponibles dans le commerce peuvent être une source d'inspiration pour votre propre matériel.

Je voudrais conclure par un autre conseil. Lorsque nous avons fini de pêcher et que nous replions notre canne, il ne faut oublier de faire attention aux parties fines de la canne car elles sont très délicates. De cette façon, nous éviterons d'éventuelles cassures.

8.

Les Fils Du Tenkara

Lancer une mouche très légère dans l'eau est rendu possible par un simple fil qui peut pousser la mouche vers l'avant par son propre poids.

Ce type de fil est traditionnellement effilé, commençant plus épais pour finir plus fin, comme la queue de rat classique utilisée pour la pêche à la mouche avec les cannes d'origine anglaise. Un autre type de fil populaire est la "level line", qui conserve la même épaisseur sur toute sa longueur.

Il est disponible sur le marché en bobines et peut être facilement coupé à la longueur souhaitée lorsque cela est nécessaire, c'est très pratique et économique.

La level line, dans le système tenkara classique, est aussi longue que la canne. A cela, est ajouté un morceau de nylon, également appelé tippet, d'une longueur variant d'environ 1 mètre à 1 mètre 50 centimètres. La mouche est fixée à l'extrémité.

Personnellement, j'ai toujours utilisé des lignes en nylon de 0,12 ou 0,14. Le but est d'empêcher les poissons de voir la ligne et il ne faut pas oublier qu'elle ne doit jamais reposer sur l'eau.

Lorsque l'on pêche avec une mouche sèche, le nylon doit être maintenu hors de l'eau ; seule la mouche doit toucher l'eau. À l'inverse, lorsqu'on pêche sous l'eau, il faut laisser le nylon couler. Bien entendu, pour pouvoir réagir rapidement à la touche d'un poisson, on doit toujours garder la mouche suspendue avec la ligne légèrement tendue.

9.
Les Mouches Du Tenkara

Nous pouvons affirmer avec conviction qu'au cours de la très longue histoire du Tenkara, de très nombreux modèles de mouches artificielles ont été utilisés.

Chaque région du Japon avait ses propres modèles de traditions, un peu comme nous en Occident, où chaque région a ses propres coutumes.

Lorsque nous allons pêcher dans un cours d'eau et que nous faisons de bonnes prises avec un certain type de mouche, que faisons-nous la prochaine fois que nous revenons y pêcher ? Bien sûr, nous utiliserons toujours la même, parce que nous savons qu'elle fonctionne, car nous avons déjà attrapé des poissons avec elle. Nous ne devons donc pas trop nous préoccuper de choisir la bonne mouche, mais plutôt faire très attention à la façon dont nous la présentons dans l'eau.

Il faut la placer dans l'eau très délicatement, puis lui donner vie avec des appels très légers, en la faisant vibrer comme un insecte vivant qui tombe accidentellement dans l'eau et tente de se relever en vol.

Un modèle de mouche japonais très polyvalent est le fameux Kebari - il serait plus approprié de l'appeler Sakasa Kebari - et la caractéristique qui le différencie des autres est le hackle tourné vers l'avant.

La Sakasa Kebari est donc une "mouche inversée", avec des hackles inversés et elle est très facile à fabriquer. Elle peut également être utilisée pour la pêche à la mouche traditionnelle. Nous avons déjà vu qu'elle a été créé à l'origine dans les cours d'eau japonais pour pêcher les truites et les ombles communs.

Une autre différence avec nos mouches occidentales est que les nôtres essaient d'imiter de vrais insectes, alors que les mouches Sakasa Kebari sont plus attrayantes et impressionnantes, ce sont des mouches de pure fantaisie qui, au lieu de posséder la forme d'un véritable insecte, ont tendance à avoir des caractéristiques généralistes permettant au poisson de l'identifier comme bon lui semble.

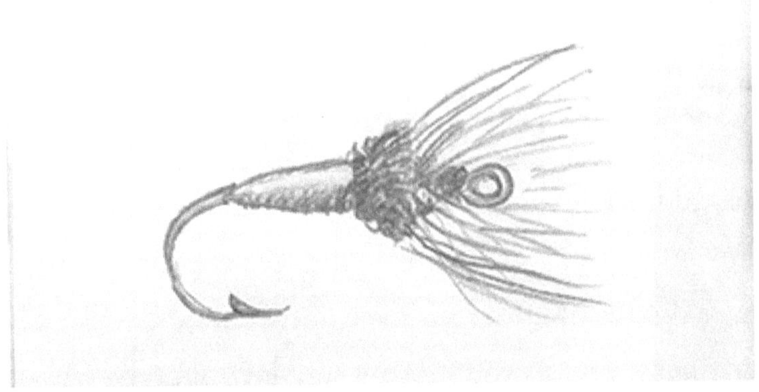

Fig. 6: *Mouche Kebari*

Comme vous pouvez le voir sur mon dessin, la principale caractéristique de la mouche kebari est que les hackles sont retournés par rapport aux mouches artificielles traditionnelles.

Lorsque nous les jetons dans l'eau et les ramenons, les hackles palpitent, donnant l'impression d'un insecte qui nage. Ce mouvement est très attractif et irrésistible pour les poissons. Cette mouche n'imite aucun insecte spécifique, nous pouvons sans risque la qualifier d'imitation fantaisiste.

Ce modèle peut très bien être utilisé comme mouche sèche en le posant doucement sur la surface de l'eau. Si après quelques lancers elle absorbe l'eau et navigue sous la surface, elle peut être utilisée comme une mouche immergée.

Ses plumes à l'envers en font un modèle de mouche très attrayant. Lorsqu'il est dans l'eau, nous pouvons faire de très petits appels avec notre canne, ses plumes inclinées vers l'avant feront un joli mouvement et seront très visibles aux yeux des poissons.

Les Insectes Aquatiques

Je veux vous révéler un petit secret qui fait que ma pêche à la mouche fonctionne. C'est très simple : j'ai observé la nature. En particulier les insectes aquatiques et le comportement de certaines espèces de poissons qui s'en nourrissent. Lors d'une éclosion - la métamorphose d'un insecte d'un état aquatique à un état aérien - nous remarquons un grand flottement d'insectes autour de l'eau. Certains nagent sur de courtes distances, d'autres sont emportés par le courant avant de s'envoler. Naturellement, tout cela attire les poissons qui remontent à la surface pour attraper ces insectes. Parfois les poissons sortent de l'eau pour les gober en un éclair, d'autres fois ils attaquent sous la surface avec la même frénésie.

En observant tout cela, il nous sera beaucoup plus facile de comprendre quel type de mouche nous devons utiliser.

De notre boîte à mouches, nous devons extraire des modèles très similaires aux insectes naturels que les poissons mangent. C'est pourquoi l'observation de la nature est très importante, et nous aide à déterminer ceux que nous utiliserons sur notre canne. Bien sûr, il peut s'agir d'insectes aquatiques ou terrestres. Nous examinerons ce dernier point plus tard.

Les insectes aquatiques qui nous intéressent pour la pêche au tenkara se retrouvent dans ces trois grands ordres présents dans tous les cours d'eau : les Ephéméroptères, les Trichoptères et les Plécoptères.

Ephéméroptères

Les éphéméropères, également appelés éphémères, comprennent 2100 espèces, dont environ 200 se trouvent en Europe.

Elles ont un corps très fin et délicat et à la base de l'abdomen on remarque deux ou trois appendices caudaux. Leurs ailes sont souvent transparentes et pleines de nervures et sont au nombre de quatre. Les ailes antérieures sont plus grandes et plus développées, tandis que les ailes postérieures sont plus petites. Lorsque l'insecte est en position de repos, ces ailes sont dressées.

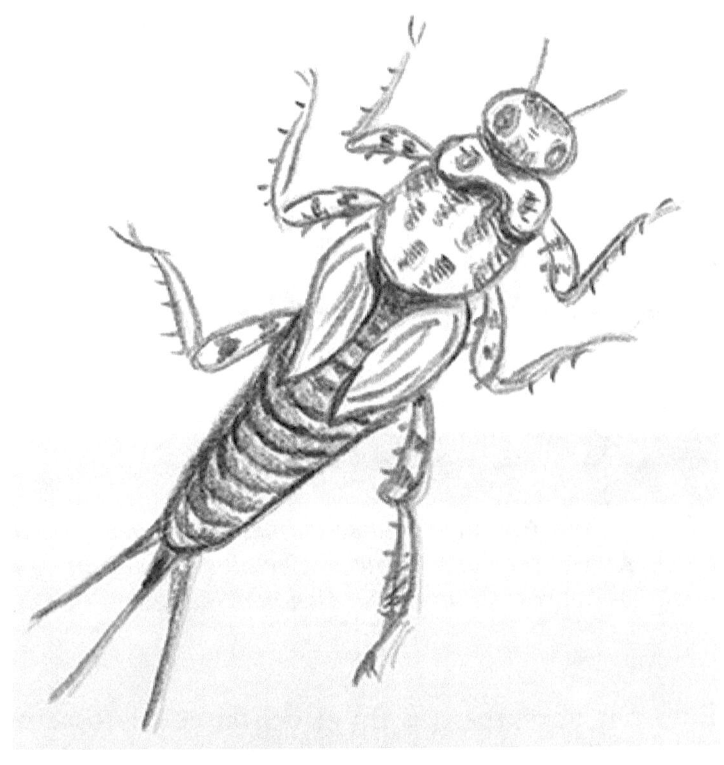

Fig. 7: *Larve d'éphémère vivant dans l'eau pendant une longue période.*

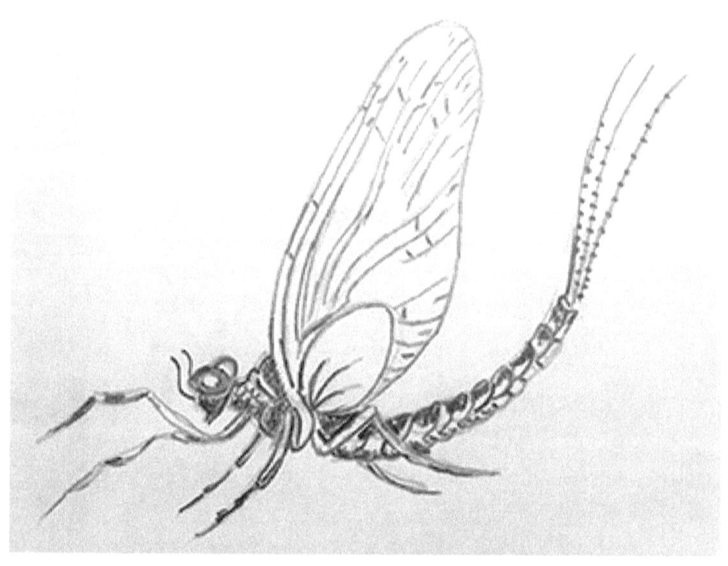

Fig. 8: *L'insecte qui a réalisé sa métamorphose hors de l'eau, sa vie sera très courte. Certains ne vivront que quelques heures, d'autres que quelques jours.*

Elles ont un corps très fin et délicat et à la base de l'abdomen on remarque deux ou trois appendices caudaux. Leurs ailes sont souvent transparentes et pleines de nervures et sont au nombre de quatre. Les ailes antérieures sont plus grandes et plus développées, tandis que les ailes postérieures sont plus petites. Lorsque l'insecte est en position de repos, ces ailes sont dressées.

Trichoptères

Les Trichoptères comptent environ 6000 espèces et sont de taille moyenne à petite. Ils passent de l'état initial de larve à l'état de nymphe, après un certain temps ils atteignent la surface en nageant pour effectuer la métamorphose finale.

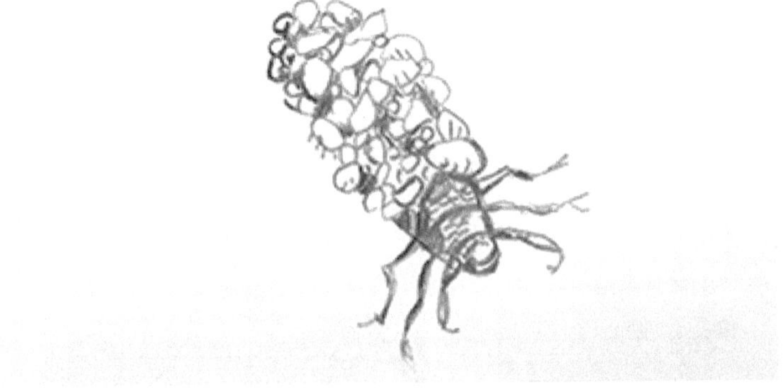

Fig. 9: *Larve de Trichoptère.*

La vie aérienne de ces Trichoptères est beaucoup plus longue que celle des Ephéméroptères. A l'état adulte, ils ont deux antennes très longues sur la tête, et quatre ailes recouvertes d'un duvet très léger.

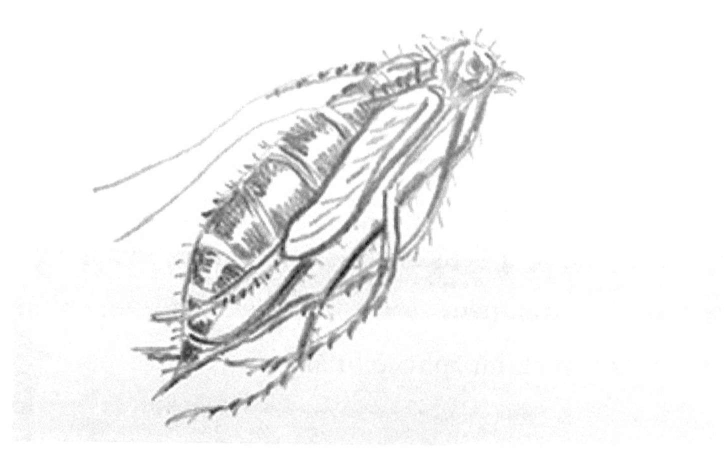

Fig. 10: *Nymphe de Trichoptère.*

Lorsque l'insecte est en position de repos, il maintient ses ailes au-dessus du corps dans une position inclinée avec une forme caractéristique de "toit".

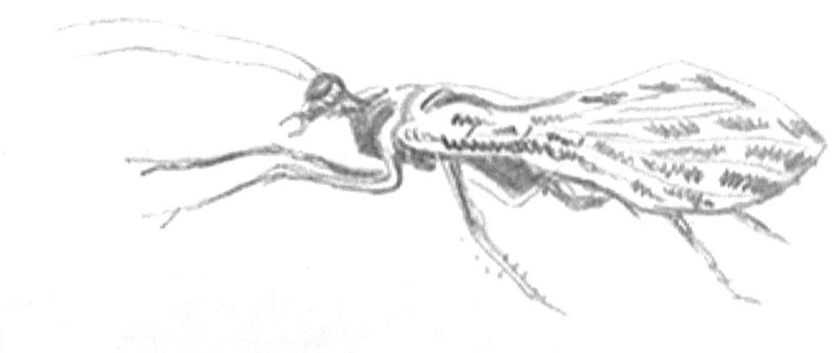

Fig. 11: *Insecte adulte*

Plécoptères

Les Plécoptères, qui comptent environ 3000 espèces, possèdent deux longues antennes à l'avant. L'abdomen de deux petites queues, "cerques". Ils vivent longtemps dans l'eau à l'état de nymphe, alors qu'à l'âge adulte, leur vie est assez courte.

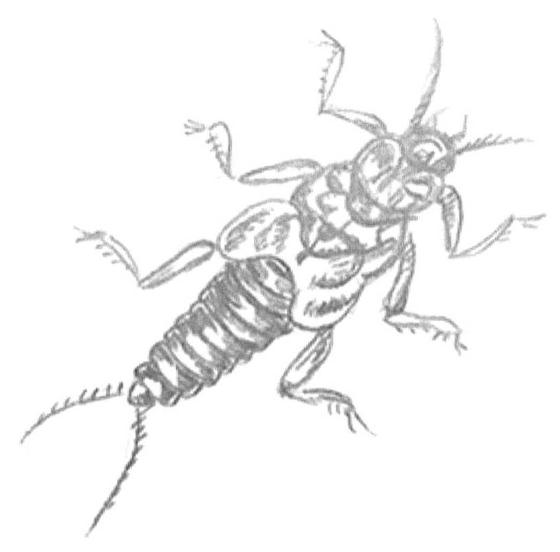

Fig. 12: *Nymphe de Plécoptère.*

L'insecte adulte est de taille petite à moyenne et possède de longues antennes filiformes. Il possède quatre ailes membraneuses et, en phase de repos, elles sont horizontales et adjacentes au corps.

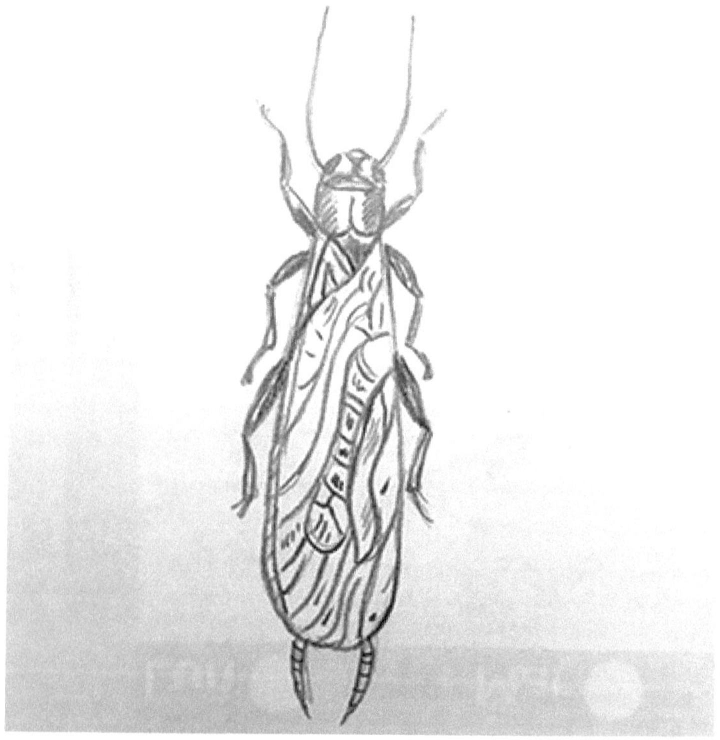

Fig. 13: *Insecte adulte.*

Après une longue période dans l'eau en tant que larve ou nymphe, ces insectes remontent à la surface et deviennent adultes. Ils atteignent la maturité sexuelle et une fois qu'ils se sont accouplés et ont pondu leurs œufs, ils terminent leur cycle de vie et meurent en retombant dans l'eau.

Vous devez penser à toutes ces métamorphoses car elles vous indiqueront l'imitation de mouche la plus appropriée, et le succès de votre partie de pêche en dépendra.

Ces différents stades de vie de l'insecte suggèrent la technique de pêche à adopter. Observez bien ce qui se passe sur votre lieu de pêche. Vous devez bien surveiller le comportement de l'eau et des insectes. Par exemple, si nous en voyons qui font des cercles à la surface - ce qu'on appelle des bouillonnements - nous devons pêcher avec une mouche sèche.

A l'inverse, si l'eau donne l'impression d'être morte - c'est-à-dire que l'on ne voit aucun poisson bouillonner et aucun insecte tomber dans l'eau - il faut pêcher avec une mouche immergée, ou une nymphe. Dans ces conditions, les poissons s'attachent à rechercher sur le fond les insectes à l'état larvaire afin de s'en nourrir.

Maintenant que nous avons fait le tour de nos chers amis insectes aquatiques, voyons comment utiliser les différents types de mouches.

Comment Utiliser les Divers Types de Mouches

Nous avons vu que la technique tenkara utilise des mouches kebari, qui sont très simples à construire. Mais pour vous aider à affiner encore plus votre pêche, je veux vous présenter d'autres types de mouches que vous pouvez utiliser.

Ils seront très utiles lors de vos sorties de pêche. Bien sûr, n'oubliez pas d'observer l'environnement et sortez de votre boîte à mouches les modèles qui ressemblent le plus aux insectes de votre lieu de pêche.

En plus de les découvrir ensemble, je vous donnerai également quelques conseils. Par exemple, si vous décidez de pêcher avec une mouche sèche et que vous remarquez que l'eau du ruisseau est assez agitée à certains endroits, il est conseillé d'utiliser une mouche avec de nombreux hackles, encore mieux si ceux-ci couvrent tout le corps.

Ce type de mouche s'appelle une Palmer, elle a une bonne flottabilité et grâce à sa coloration flashy avec des contrastes de couleurs, elle nous permettra une bonne visibilité en se déplaçant dans des courants plus rapides, ce qui nous permettra de nous arrêter à temps lorsque les poissons attaqueront.

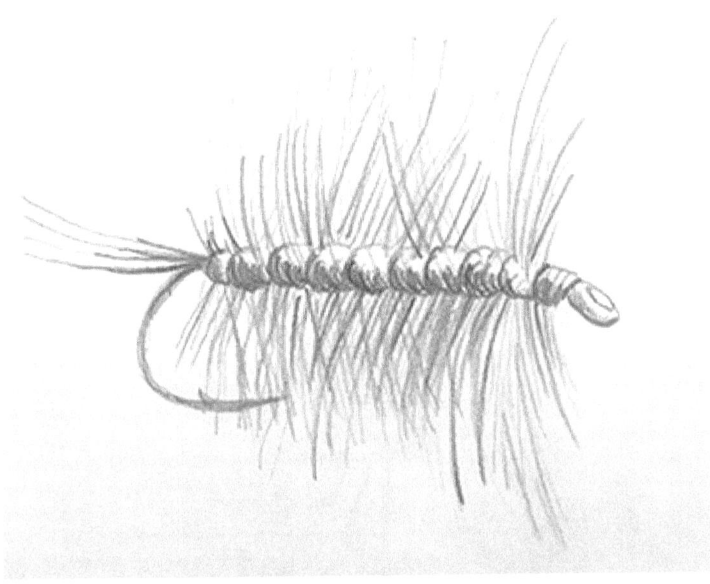

Fig. 14: Mouche Palmer

Nous recommandons d'utiliser des hackles blancs pour la tête de l'hameçon, sur 1/3, et des hacles noirs et rouges pour les 2/3 restants.

Dans des eaux plus calmes ou même tranquilles, nous pouvons utiliser en toute sécurité notre kebari, ou une imitation de Trichoptère, si nous avons vu ces insectes voler. Les imitations de trichoptères sont appelées "Sedge". Je vous recommande de prendre deux types de Sedge avec vous : un clair et un foncé.

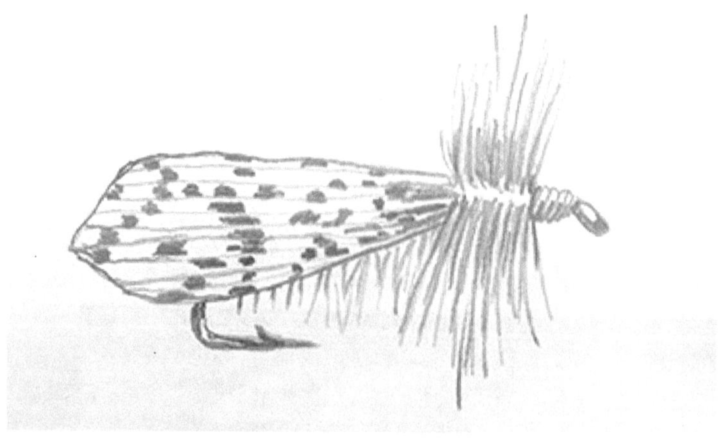

Fig. 15: *Mouche Sedge*

Bien sûr, si vous voyez des éphémères, vous pouvez monter des imitations éphémères. Les cinq plus couramment utilisés sont : Red Spinner, March Brown, Pheasant Tail, Blue Dun et Tups. Ces modèles suffiront pour toute la saison de pêche. Les formes sont presque similaires les unes aux autres, ce qui change principalement est la couleur des hackles et du fil utilisé pour construire le corps.

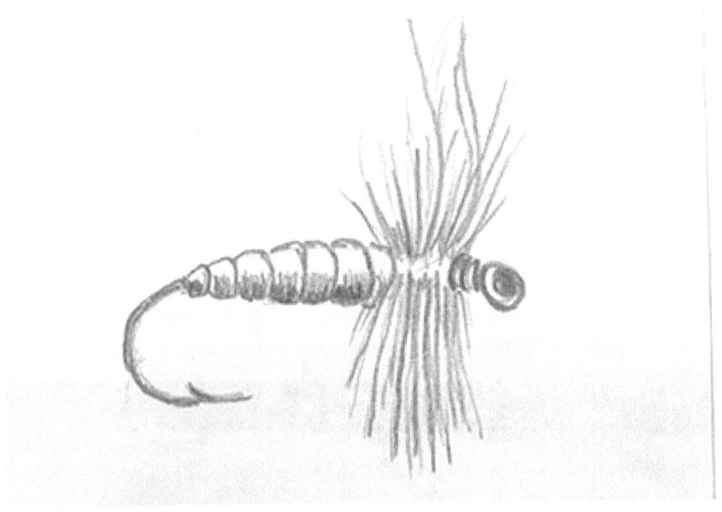

Fig. 16: *Mouche Ephémère.*

Au fil du temps, votre expérience vous poussera à construire de nouveaux modèles de mouches, à donner libre cours à votre imagination, à expérimenter de nouvelles couleurs et formes. C'est très amusant. Comme nous l'avons vu, le kebari est aussi une mouche de fantaisie très facile à attraper, et toutes les variations possibles peuvent convenir. Toutefois, n'oubliez jamais de faire attention à la couleur des insectes volants. Nous aurons un avantage si notre kebari ou notre mouche artisanale est de la même couleur que l'insecte naturel.

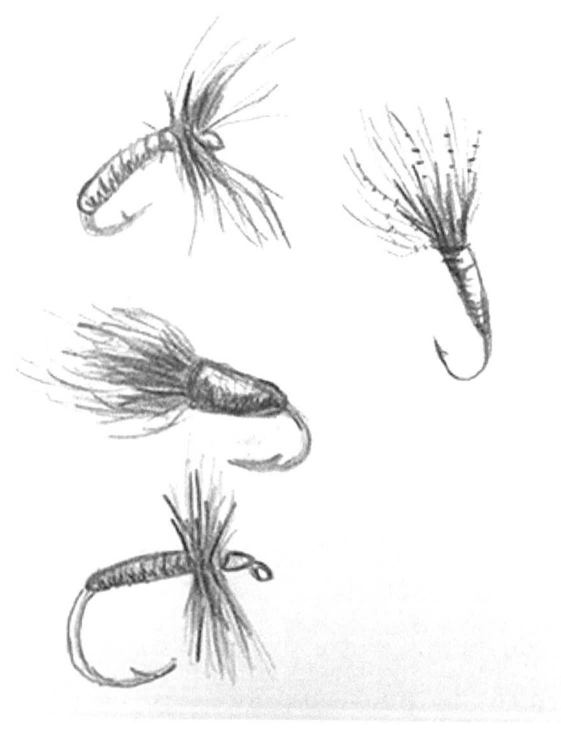

Fig. 17: Mouches Kebari

Ne cessez jamais d'entraîner votre sens de l'observation. Cela vous permettra d'accroître considérablement la richesse de votre expérience.

Les Insectes Terrestres

Les insectes terrestres qui présentent un intérêt pour la pêche à la mouche sont inclus dans ces deux ordres : les Diptères et les Hyménoptères. Bien entendu, les insectes terrestres sont moins importants que les insectes aquatiques pour les poissons, car leur chute dans l'eau est considérée comme accidentelle. On peut les trouver à la surface, où ils sont entraînés par le courant et attaqués par les poissons.

Diptères

Les mouches communes qui volent autour de nos maisons, jardins et pelouses appartiennent à l'ordre des diptères. Ce sont les mouches domestiques. Ces mouches sont équipées de deux ailes membraneuses et transparentes, ont de grands yeux, un abdomen arrondi et sont légèrement poilues.

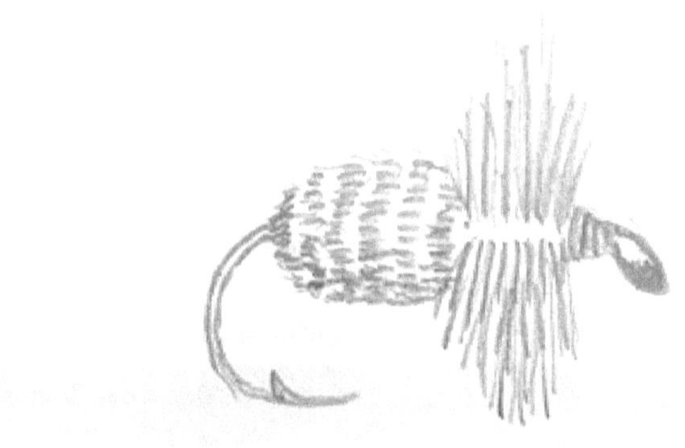

Fig. 18: *Mouche Coch y Bondhu.*

Hyménoptères

L'ordre des hyménoptères comprend les guêpes et les abeilles, dont les ailes sont membraneuses et dont le corps est divisé en trois parties distinctes : la tête, le thorax et l'abdomen. Les jambes sont assez robustes. Les fourmis appartiennent également à cet ordre, mais pour la pêche, seules les fourmis ailées présentent un intérêt.

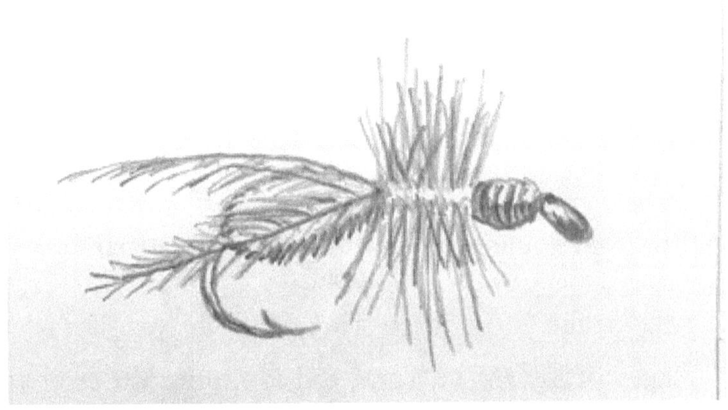

Fig. 19: *Fly Red Ant si la couleur est rouge ou Black Ant si la couleur est noire.*

La Fabrication des Mouches

Fabriquer soi-même signifie naturellement économiser de l'argent sur le matériel de pêche, mais ce n'est pas ce qui le rend si spécial. C'est surtout les jours de pluie ou de froid où nous ne pouvons pas aller pêcher, qui nous donnent l'impression d'être à la pêche, même si nous sommes simplement assis dans notre coin, où nous gardons tout ce dont nous avons besoin pour élaborer des mouches artificielles.

Nous pouvons imaginer que ce que nous construisons va nous permettre de faire des prises merveilleuses. Parfois, lorsque je fabrique des mouches, j'imagine aussi d'agréables promenades dans les ruisseaux de montagne, respirant tous les parfums et les odeurs naturels que seule Mère Nature peut nous offrir.

Car la pêche, c'est aussi l'occasion de profiter de paysages préservés où l'on perd la notion du temps. N'est-ce pas aussi la magie de la pêche ?

10.

Où Pêcher Au Tenkara

Je vous ai parlé de mes expériences personnelles, nous avons fait un beau voyage à travers l'histoire du Tenkara et nous avons vu les mouches dont nous avons besoin pour pêcher. Je pense que beaucoup d'entre vous auront maintenant une grande envie d'aller essayer tout de suite. Vous vous demandez probablement :

"Où puis-je pêcher au Tenkara ? Nous ne sommes pas au Japon, ici la nature et les eaux sont très différentes, même les poissons ne sont pas les mêmes. La technique est magnifique, mais sera-t-il possible de la pratiquer aussi en Italie ? De quelle manière ? Dans quelles eaux ?"

Je vais vous donner une réponse très simple : le monde entier est un pays, si vous le désirez. N'oubliez pas que vouloir, c'est pouvoir.

Tout le monde en Italie ne peut pas disposer des magnifiques ruisseaux des Dolomites facilement, mais ne vous inquiétez pas, ce n'est pas un problème. Avec un peu d'imagination, nous pouvons facilement pêcher dans toutes ces eaux qui sont proches de chez nous, comme les petits ruisseaux de nos collines, les rivières et tous ces petits lacs et ruisseaux de la plaine.

Même si nous ne trouvons pas d'omble, nous pouvons attraper d'autres poissons très divertissants tels que le goujon, le chevesne et de nombreux autres poissons que nous pensions incapables de prendre avec des insectes. Vous serez étonné de la découverte de tout cela. Pêchez en toute confiance car là où il y a de l'eau, il y a des poissons !

Vous ne le croyez pas ? Et pourtant, je vous assure que c'est exactement comme ça. Ne vous laissez pas influencer par ceux qui disent qu'une certaine technique ne doit être pratiquée que d'une certaine manière, qu'elle ne concerne que certains types de poissons ou qu'elle ne doit être pratiquée que dans certaines eaux, et qu'il existe des règles fixes qui ne peuvent absolument pas être modifiées. Ces règles n'ont qu'un seul objectif : vous limiter.

Chaque pêcheur doit être libre de pêcher, en laissant libre cours à son imagination tant dans son équipement que dans sa façon d'aborder les eaux ; il faut toujours oser et expérimenter et avoir sa propre vision personnelle de la pêche.

Laissez-moi vous donner un petit exemple, près de mon ancienne maison, il y avait de petites carrières et des lacs, où je n'avais jamais vu personne pêcher avec des mouches artificielles. Dans ces petits lacs, la technique la plus populaire était le lancer, car les poissons qui y vivaient étaient surtout des black-bass.

De nombreux leurres ont été utilisés, dont les classiques rotatifs, ondulants, en silicone et les vairons.

J'avais aussi l'habitude de pêcher avec ces leurres, mais comme je fréquentais toujours les mêmes endroits et que j'attrapais les mêmes poissons, j'ai ressenti le besoin de changer quelque chose pour retrouver l'enthousiasme de la première fois.

J'ai donc continuer à aller aux mêmes endroits, mais j'ai décidé de changer ma technique de pêche. Quelque chose m'a suggéré d'essayer la pêche à la mouche, alors je l'ai fait. J'ai encore attrapé des blak-bass, mais cette fois avec de grosses imitations de mouches et de libellules faites par moi-même. En pêchant avec cette nouvelle technique dans ces endroits, j'ai trouvé un nouvel enthousiasme et ressenti des émotions nouvelles et amusantes.

Maintenant, devinez quoi. Dans l'un de ces étangs, après environ un an, j'ai décidé d'essayer une technique nouvelle et étonnante. J'ai pêché avec une simple canne en bambou de seulement 4 mètres. Quelle était cette technique ? Le Tenkara, bien sûr !

J'ai attrapé les mêmes poissons, mais j'avoue que c'était vraiment très amusant et excitant. Cela confirme que toutes les techniques peuvent fonctionner. Au même endroit, avec des techniques différentes, j'ai attrapé les mêmes poissons.

Pensez-y, après tout, le but d'un pêcheur est faire des prises, quelle que soit la technique utilisée, mais ce qui compte vraiment, c'est d'être plus malin que les poissons tout en s'amusant. C'est encore mieux si vous respectez la nature et rendez la liberté à nos amis acquatiques, quelle que soit leur espèce.

11.

Comment Aborder Le Torrent De La Bonne Façon

A mon humble avis, la pêche en torrent conserve tout le charme du tenkara. Ses origines japonaises refont inconsciemment surface, nous réalisons immédiatement que nous sommes en train de pêcher d'une manière différente, un peu en dehors du rythme de notre journée. Tout ceci, je pense, réussit à nous transmettre sans nous en rendre compte la véritable essence de la pêche.

Si nous voulons être efficace, il sera utile de connaître

parfaitement le torrent. Avant nos sorties de pêche, partons en exploration, en marchant curieusement le long du cours d'eau, en l'observant attentivement, en scrutant ses eaux et tous ses obstacles naturels, ses creux, ses cascades et tous ses petits courants.

Il sera sage de scruter chaque petit trou, rocher ou cascade à la recherche de poissons, car même si nous ne les voyons pas, cela ne veut pas dire qu'ils ne sont pas présents, ils attendent juste de se déplacer au bon moment.

Mais gardez toujours à l'esprit cette règle de base : apprenez à ne pas vous faire repérer par les poissons !

Imaginez juste où la proie pourrait se trouver. Voici quelques suggestions. Les poissons se cachent généralement derrière des pierres ou tout autre obstacle naturel et se mettent en position avec leur bouche tournée vers l'amont. En effet, le courant entraîne la nourriture vers l'aval, et nos poissons seront là à l'attendre.

En particulier pendant les périodes froides, il est difficile de les voir nager dans les flots plus rapides, car il y a très peu d'insectes à manger à cette époque, la nourriture est rare et seules quelques larves peuvent être trouvées dérivant dans le courant. Les poissons dépenseraient trop d'énergie en nageant à contre-courant. Dans ces conditions, ils se déplacent très peu. Ils restent dans des coins tranquilles, prêts à bouger dès qu'une source de nourriture passe devant eux.

Marcher dans le torrent n'est pas toujours facile, parfois la végétation est si épaisse qu'elle nous empêche de continuer, auquel cas nous devons la contourner et trouver un chemin plus facile. Parfois, nous pouvons nous trouver devant une chute d'eau qui nous empêche de monter, et dans ce cas aussi, nous devrons calmement revenir en arrière et faire un large virage pour la franchir.

Il est important d'être conscient de ces risques possibles afin d'être préparé lorsque de tels incidents se produisent pendant notre périple de pêche. Cela nous permettra d'éviter de perdre du temps inutilement.

La première chose à retenir lorsque l'on remonte un

cours d'eau est qu'il faut faire très attention à ce que l'on touche. Nous ne devrions jamais poser nos mains sur une pierre ou près d'un ravin sans l'observer attentivement. Et il ne faut jamais s'aventurer dans les buissons sans les avoir préalablement dégagés à l'aide d'une canne ou d'une botte, car il y a une réelle possibilité de rencontrer un méchant client : la vipère !

Des vêtements appropriés seront utiles pour affronter le torrent. Je vous recommande de porter une bonne paire de bottes ou de bottines hautes, un pantalon en velours épais et un chapeau à large bord. Ce chapeau large est utile car lorsque nous traversons la végétation, il est possible qu'un insecte, une chenille ou un autre petit animal tombe sur notre tête et nous pique ou nous irrite.

Apprenez à bien connaître votre secteur, étudiez-le en profondeur. Après quelques années, la pratique assidue d'un seul cours d'eau conduira à une connaissance totale qui vous permettra de faire de bonnes prises avec plus de conviction et de facilité.

Vous trouverez peut-être utile de tenir un journal de

votre rivière, de votre torrent ou de tout autre endroit. Vous pouvez créer des mini-journaux où, pour chacun de vos lieux de pêche, vous notez les mouches qui vous ont rapporté le plus de poissons. Vous pouvez marquer la période de l'année, noter les couleurs des mouches et des plumes utilisées. Ainsi, lorsque vous retournerez pêcher dans ces endroits, vous serez sûr de pêcher.

12.

Comment Pêcher Au Tenkara

Maintenant que nous connaissons bien notre cours d'eau, nous pouvons l'aborder correctement et commencer notre voyage de pêche souhaité. Nous connaissons le parcours, nous avons vu s'il est immergé ou non, nous savons combien d'espace il y a d'une rive à l'autre, et nous avons remarqué quelques endroits où il y a des poissons.

Eh bien, nous pouvons maintenant choisir la taille de notre canne à pêche que nous jugeons appropriée, préparer notre ligne et lancer notre appât dans l'eau.

Notre Canne A Pêche Tenkara

Les cannes Tenkara se déclinent en plusieurs modèles, allant des anciennes à enboîter en bambou aux cannes télescopiques en carbone les plus modernes. Certaines sont en trois parties, tandis que d'autres sont constituées de plusieurs pièces plus courtes, bien que la longueur totale puisse être la même.

Tous ces modèles sont munis d'un bout de ficelle appelé "lilian" au sommet du scion. Sur ce lilan est fixé une ligne nommée "level line". Comme nous l'avons déjà vu, tant les anciens pêcheurs japonais que les pêcheurs de Valsesia utilisaient du crin de cheval.

Comment Préparer La Ligne

La longueur de la leve line est généralement égale à la longueur de la canne à pêche, on utilise rarement une mesure plus longue. Au bout de cette ligne, nous attachons un morceau de nylon aussi long que nos bras ouverts. L'épaisseur de ce nylon est généralement comprise entre 0,14 et 0,12. À ce stade, il ne nous reste plus qu'à choisir le kebari que nous pensons être le meilleur, à l'attacher au nylon et à commencer à pêcher.

Comme vous l'avez vu, il est très simple de préparer la ligne. L'une des nombreuses choses que j'aime dans le tenkara, c'est qu'il nous permet d'aborder notre cours d'eau avec un équipement minimal, ce qui facilite grandement notre voyage. .En fait, nous n'avons besoin que d'une simple canne en bambou, d'une ligne aussi longue que notre canne, d'un morceau de nylon aussi long que nos bras ouverts et de quelques mouches. Ce simple équipement est plus que suffisant pour passer un bel après-midi dans le bon esprit du tenkara.

Le Lancer Dans L'Eau

Maintenant que notre installation est prête, nous

allons nous approcher du cours d'eau à pas feutrés, en évitant tout type de bruit ou de mouvement brusque. Si nous devons nous mettre à quatre pattes pour nous cacher des poissons, nous le ferons. Nous ne devons pas marcher jusqu'au bord du ruisseau, mais quelques mètres en arrière. Ceci pour éviter d'être vu par les poissons.

Au début, nous devons pêcher près du bord. Nous avons donc lancé notre mouche près de la rive. Puis, lancer après lancer, nous avancerons de plus en plus loin, jusqu'à atteindre l'autre rive et lancer plus loin. En faisant cela, nous sonderons tous les petits courants et les refuges pour les poissons. Si, après avoir lancé à un endroit pendant un certain temps, nous constatons que les poissons n'attaquent pas, nous pouvons sans risque passer à un autre endroit. Nous ne devons pas être furieux, mais garder notre calme. Nous devons observer attentivement le nouvel endroit, en imaginant où nous pourrons trouver notre ami poisson.

Avec nos lancers, nous essaierons d'amener notre mouche juste devant la bouche du poisson, et d'attirer son attention avec quelques leurres pour le pousser à attaquer.

Le Catch & Release

Le pêcheur sportif pratique toujours le Catch & Release, qui consiste à relâcher le poisson une fois qu'il a été capturé. Pour moi, c'est un geste noble, après qu'il nous ait diverti, lui rendre sa liberté est le moins que l'on puisse faire. Il serait préférable d'utiliser des hameçons sans ardillon, ce qui nous permettra de relâcher le poisson plus rapidement et avec moins de douleur. Avant de le prendre en main, il est conseillé de la mouiller pour éviter d'endommager la peau du poisson.

J'aime pratiquer le catch & release, c'est génial de pouvoir regarder le poisson dans notre main dans l'eau pendant que nous le relâchons. C'est une grande sensation de le voir partir, de le suivre des yeux jusqu'à ce qu'il disparaisse complètement Inconsciemment, nous sommes conscients d'avoir établi un lien profond entre nous et lui, même si le poisson n'est pas d'accord, nous porterons toujours en nous la conscience éternelle d'un contact qui ne nous quittera jamais..

Conclusion

Chers amis pêcheurs, nous sommes arrivés à la fin de notre voyage en tenkara. J'espère que vous l'avez apprécié et que je vous ai transmis de la meilleure façon possible ce que j'ai appris au cours de mes périples de pêche.

Mais avant de vous dire au revoir, je voulais écrire quelques mots sur notre cher ami "bambou". Nous pouvons pêcher avec des cannes ultra-modernes, coûteuses et ultra-légères qui répondront parfaitement à nos besoins, mais l'émotion et le charme ancien que nous pensions ne plus exister ne peuvent être retrouvés que lorsque nous utilisons une simple canne en bambou.

Il est étonnant de voir à quelle vitesse notre concept de la pêche évolue. Soudain, tout change. Non seulement le temps s'arrête, mais nous sommes catapultés dans le passé. Nous nous sentons transportés dans une autre dimension, très éloignée de notre conscience habituelle. Et soudain, nous ne sommes plus dans le petit torrent de nos chères collines, mais nous sommes entrés dans une autre dimension. Notre petit Trentin devient soudain spécial, il est devenu un coin du monde enchanté où nous pouvons nous réfugier, loin d'une société toujours plus artificielle.

Nous éprouvons un sentiment de paix intérieure profonde qui nous suggère de continuer à pêcher ainsi si nous voulons continuer à savourer la véritable essence de la pêche.

La clé est de se mettre en totale harmonie avec la nature. Il n'y a pas de secrets ou de tabous à dissiper, seulement un chemin logique qui, inconsciemment, nous montre la bonne voie à suivre.

Merci Tenkara ! Merci, cher ami du bambou ! Et merci aussi à vous, cher ami pêcheur, de lire ces pages.

J'espère vous rencontrer lors de mon prochain
voyage.   127

                                                        Lelio

LA PÊCHE SIMPLE AU PAIN

Le Secret?
L'Expérience!

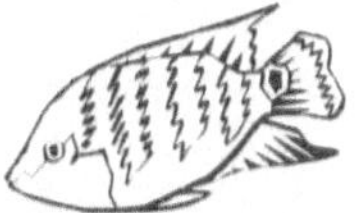 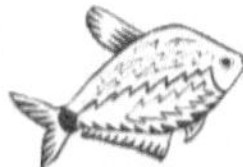

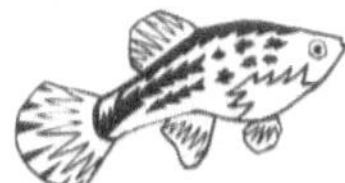 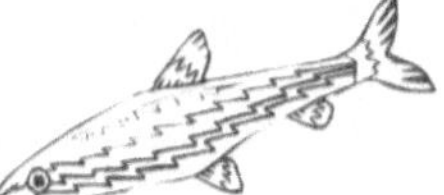

Lelio Zeloni

Références Bibliographiques

Boccardo, M. (n.d.). *Ami*. Essenza Pesca. Retrieved November 12, 2020, from https://www.essenzapesca.com/ami/

Boccardo, M. (n.d.). *Le Piume*. Essenza Pesca. Retrieved November 12, 2020, from https://www.essenzapesca.com/le-piume/

Boccardo, M. (n.d.). *Trenini e Mosche Valsesiane*. Essenza Pesca. Retrieved November 12, 2020, from https://www.essenzapesca.com/trenini-e-mosche-valsesiane/

Discover Tenkara, (n.d.). *Tenkara: la guida definitiva*. Retrieved June 14, 2020, from https://www.discovertenkara.com/tenkara-it/

Gaskell, P. (2020). *The Legendary Yuzo Sebata*. Tenkara Angler. Retrieved June 14, 2020, from https://tenkaraangler.com/2020/06/08/the-legendary-yuzo-sebata/

Lyle, M. (2019). *Tenkara Today*. Stackpole Books.

National Geographic, (2017). *La caza de osos de los matagi, una tradición sagrada y polémica en Japón.* Retrieved June 15, 2020, from https://www.nationalgeographic.es/historia/2017/11/la-caza-de-osos-de-los-matagi-una-tradicion-sagrada-y-polemica-en-japon

Pesca Network, (2011). *Pesca alla Valsesiana.* Pescanetwork.it Retrieved November 12, 2020, from http://www.pescanetwork.it/forum/index.php/topic/46196-pesca-alla-valsesiana/

Scalvini, A. (n,d,). *La canna per la mosca valsesiana.* Moscavalsesiana.it. November 13, 2020, from https://www.moscavalsesiana.it/it/blog/la-canna-per-la-mosca-valsesiana

Stewart, C. (n.d.). *Pesca Mosca Valsesiana.* Tenkara Bum. Retrieved November 12, 2020, from https://www.tenkarabum.com/pesca-mosca-valsesiana.html

Wigen, E. K. (1995). *The Making of a Japanese Periphery, 1750 - 1920.* University of California Press.